Brigitte Waldens

CATWALK
Heimatkunde auf vier Pfoten

Ich

heiße Tristan und war von Kindesbeinen an auf der Wanderschaft. Nicht, dass Sie denken, ich hätte mir dieses Vagabundenleben freiwillig ausgesucht. Keineswegs. Obwohl immer noch viele Menschen meinen, jemand wie ich könne nur glücklich sein, wenn er Tag und Nacht draußen verbringt, auf Bäume klettert und Mäuse fängt. So ein Blödsinn. Die Mäusejagd ist ein mühseliges Unterfangen, das meist wenig einbringt, aber viel Zeit kostet. Und was das Auf-Bäume-Klettern betrifft: Ich kann mir eine wesentlich entspanntere Sportart vorstellen, um mich fit zu halten.

Bei einer Umfrage unter dem Drei-Millionen-Streunervolk hierzulande käme schnell heraus, dass wohl die meisten meiner Artgenossen ein Dach über dem Kopf, einen stets gut gefüllten Fressnapf und ein gemütliches Sofa einschließlich regelmäßiger Streicheleinheiten einem Dasein bei Wind und Wetter vorziehen würden. Aber uns fragt ja keiner.

Entschuldigen Sie. Ich schweife mal wieder vom Thema ab. Eine Unsitte von mir. Sie wollen natürlich erfahren, was ein Kater an dieser Stelle zu suchen und zu sagen hat. Ganz einfach. Wer so viel herumkommt wie ich, hat natürlich eine Menge zu erzählen. Deshalb möchte ich Ihnen heute mein kleines Reisebuch vorstellen, in dem ich über einen abwechslungsreichen Catwalk durchs sommerliche Revier berichte.

Gibt's doch nicht, werden Sie jetzt einwenden. Eine Katze kann ab und zu zwar ziemlich gesprächig, jedoch niemals im Stande sein, auch nur das Wort ‚Miau' zu schreiben. Geschweige denn ein ganzes Buch. Sie haben selbstverständlich Recht. Wie es dazu kam, dass ich Ihnen trotzdem diese unterhaltsame Lektüre anbieten kann, verrate ich später.

Zunächst wäre ich sehr erfreut, wenn Sie mich auf meinem Ausflug in die Heimat begleiten würden. Folgen Sie mir auf einem Catwalk zwischen Ennepe und Ruhr, der Sie an 33 sehenswerte Orte in der Region führt – mal bekannt, mal weniger berühmt, mit großer Vergangenheit und vielversprechender Zukunft.

Doch klappen Sie das Buch am Ende meiner Sommer-Reise nicht vorschnell zu. Denn die Geschichte ist noch nicht zu Ende. Blättern Sie um und lesen, wie es weiterging. Dann erzähle ich Ihnen, was es mit einer unvermuteten Geburtstagsüberraschung auf sich hat, mit der für mich ein neuer Catwalk in ein anderes Leben begann …

Catwalk durchs Revier

Station 1: Breckerfeld
Die Reise beginnt

Frühnebel lag noch über dem Land, als ich mich an diesem Sommertag auf die Pfoten machte. Startpunkt für meinen geplanten Catwalk durchs Revier war Breckerfeld, mit rund 9.000 Einwohnern die kleinste Stadt im Ennepe-Ruhr-Kreis. Es würde ein sonniger Morgen werden. Ideale Voraussetzungen, um das umfangreiche Reise-Programm mit über 30 Stationen erfolgreich in Angriff zu nehmen.

Beim Weitblick über die leicht hügelige Landschaft zeigte sich das Städtchen von seiner reizvollen Seite. Aber nicht nur deshalb lohnte es, sich ein wenig genauer umzuschauen. Denn Breckerfeld, seit dem Mittelalter Mitglied der Hanse, ist ein Ort mit bewegter Geschichte, die zurückgeht bis in die Römerzeit .Erstmals schriftlich erwähnt wurde die Ortschaft anno 1184 in einem Unfallbericht. Wie die klösterliche Handschrift berichtet, war der Müller Eppechinus aus dem *uicus Brecheruuelde* bei Instandsetzungsarbeiten mit seinem Arm in das Getriebe des Mühlrades geraten und hatte sich dabei schwer verletzt. In seiner Not rief er den Heiligen Anno, seinerzeit von 1056 bis 1075 Erzbischof von Köln, um Beistand an. Und – oh Wunder - die blutenden Wunden schlossen sich und heilten ab.

Gottesfurcht und scharfe Messer

Ob der heilige Kirchenmann auch weiterhin seine schützende Hand über die aufstrebende Gemeinde hielt, ist nicht überliefert. Jedenfalls entwickelte sich Breckerfeld sehr schnell zu einem florierenden Standort für Handel und Gewerbe. Die reichen Erzvorkommen im Umland brachten den Wohlstand in die kleine Stadt. Messer und Dolche aus Breckerfelder Qualitätsstahl wurden zum heiß begehrten Exportschlager.

Ein weiterer Meilenstein der lokalen Geschichte war der Bau einer Kirche in 1390, die heute als einzige spätgotische Basilika Westfalens erhalten ist. Das Gotteshaus, direkt am Pilgerweg nach Santiago de Compostela gelegen, wurde folgerichtig Jakobus, dem Älteren, geweiht. Der prunkvoll geschnitzte Flügelaltar, der das Kirchenschiff seit dem frühen 16. Jahrhundert schmückt, gehört auch jetzt noch zu den Top-Sehenswürdigkeiten sakraler Kunst in der Region.

Mitglied in einem starken Verbund

1396 erhielt Breckerfeld die Stadtrechte; im 15. Jahrhundert wurde die Stadt Münzstätte. Ungefähr zur gleichen Zeit trat Breckerfeld der Deutschen Hanse bei. Ursprünglich im 12. Jahrhundert von niederdeutschen Kaufleuten zur Wahrung ihrer gemeinschaftlichen Interessen gegründet, gewann der Bund in der Folgezeit rasch an Einfluss und Macht auf politischer, gesellschaftlicher und wirtschaftlicher Ebene. Kaum eine Entscheidung fiel ohne die Zustimmung der Union im Zeichen der Kogge.

Doch mit der Zeit ging es nicht mehr allein um die Bedürfnisse der Kaufmannschaft. Die maßgebenden Handelszentren meldeten verstärkt ihre Ansprüche an. So entstanden nach und nach innerhalb der Hanse regionale Städtebündnisse mit dem Ziel, durch gemeinschaftliches Vorgehen ihre Vorteile und Privilegien zu festigen und zu sichern.

In der Hochphase waren rund 300 nordeuropäische Hansestädte an der Küste und im Binnenland in diesem Verbund zusammengeschlossen. Im Wappen von Breckerfeld, das seit 2012 den offiziellen Beinamen „Hansestadt“ führt, erinnern noch die traditionellen Hansefarben Rot und Weiß an die glorreiche Handelsvergangenheit.

Gemeinsam gegen den Niedergang

Doch mit den Jahren verschlechterte sich die Lage für die bislang vom Erfolg verwöhnten Breckerfelder. So sah die Prognose für die Zukunft ziemlich mau aus, da die Wirtschaftskraft rapide Einbußen verzeichnete. Eisen und Stahl kamen nun vermehrt aus dem Ausland, wo der begehrte Rohstoff wesentlich preiswerter produziert und verarbeitet wurde als im westfälischen Breckerfeld.

Handwerk und Handel stemmten sich vergeblich gegen den Niedergang. Man versuchte mit Hilfe moderner Webstühle in der Textilindustrie Fuß zu fassen – ohne Nachhaltigkeit. Auch die Fertigung von Uhren im 19. Jahrhundert erwies sich als Flop. Die Abkopplung vom Eisenbahnnetz tat ein Übriges, um die Stadt vom wirtschaftlichen Fortschritt abzuhängen. Die Stimmung in der Bürgerschaft war so schlecht, dass 1896 sogar die 500-Jahr-Feier abgesagt wurde.

Potenzial für eine gute Zukunft

Jetzt, über 100 Jahre später, präsentiert sich die Kleinstadt im südlichen Zipfel des Ennepe-Ruhr-Kreises durchaus optimistisch. Denn die Aussichten für die Zukunft stimmen hoffnungsvoll. So kann Breckerfeld mit einer Vielzahl von Sehenswürdigkeiten aus der Historie punkten, verfügt mit gleich drei Talsperren und einer Bilderbuch-Landschaft über einen überdurchschnittlich hohen Freizeitwert, bietet mit ausgebauten Loipen beste Bedingungen für den aktiven Wintersport, pflegt eine lebendige Heimatkultur mit Traditionsvereinen und zahlreichen Veranstaltungen, die viele Besucher aus nah und fern herbeilocken, und ist auch wirtschaftlich auf gutem Wege, ein interessantes Domizil für neue Betriebe und Firmenerweiterungen zu werden.

Damit endete mein erster Catwalk-Tag mit einem stimmungsvollen Bild einer Stadt, die Höhen und Tiefen erfolgreich durchlebt hat. Und nun zuversichtlich in die Zukunft schaut.

Station 2: Der Wengeberg
Auf dem absoluten Höhepunkt

Als ich auf allen Vieren die imposante Höhe erklommen hatte, stellte ich fest: Hier fehlt ein Gipfelkreuz. Immerhin ist der Wengeberg bei Breckerfeld mit 442 Metern der höchste Punkt im Ruhrgebiet. Die doppelkuppige Spitze wird zurzeit von einem Sendemast gekrönt. Aber ob das die *ultima ratio* darstellt, um diesem Leuchtturm der Natur gerecht zu werden, bleibt dahingestellt.

Die Stadt hat jedenfalls eine eindeutige Meinung zum Thema Gipfelkreuz. Sie will mit dem Errichten einer 3,23 Meter hohen, weithin sichtbaren Landmarke auf dem Wengeberg den eigenen Bekanntheitsgrad steigern und zugleich die Zugehörigkeit zum Ruhrgebiet unterstreichen.

Allerdings so einfach wie gedacht, lässt sich der Plan wohl nicht realisieren. Die Anwohner eines angrenzenden Wohngebietes haben Bedenken wegen des zunehmenden Andrangs von Touristen angemeldet, so dass die Entscheidung pro oder contra Kreuz erst einmal vertagt wird.

Das Kreuz mit dem Gipfel

Übrigens: Gipfelkreuze haben eine lange Tradition. Bereits gegen Ende des 13. Jahrhunderts wurden solche Markierungen aufgestellt, etwa auf dem österreichischen Arlberg oder dem Grödner Joch in Südtirol. Die frühen Kreuze bestanden zumeist aus einer einfachen Holzkonstruktion. Oft wurden sie in Form sogenannter Patriarchenkreuze mit zwei Querbalken angefertigt und dienten als Wetterkreuze, um nach altem Aberglauben Unwetter, Sturm und Hagel abzuwehren.

Als im 19. Jahrhundert der Alpinismus mehr und mehr in Mode kam, hatten die Gipfelkreuze gleich mehrere Funktionen zu erfüllen. Sie waren nicht nur als religiöse Symbole im Einsatz, sondern häufig auch als Wetterstationen mit aufwendigen Messinstrumenten ausgestattet und mit Blitzableitern bestückt. Darüber hinaus übernahmen Gipfelkreuze auch oft die Aufgabe, an im Krieg gefallene oder beim

Bergsteigen verunglücke Menschen zu erinnern oder auch Zeichen des Dankes für eine unbeschadete Heimkehr zu sein.

Kritische Stimmen geben Contra

Für viele erstaunlich, kommt mittlerweile von verschiedenen Seiten Kritik am Gipfelkreuz. Etwa vom bekannten Extrem-Kletterer Reinhold Messner, der sagt: „Das Kreuz ist das christliche Symbol schlechthin. Dieses gehört meiner Meinung aber nicht auf einen Gipfel. Man sollte die Berge nicht zu religiösen Zwecken möblieren. Die Berge, die doch der ganzen Menschheit gehören, sollten nicht mit einer bestimmten Weltanschauung verknüpft oder besetzt werden."

Möglicherweise liegt in dieser Auffassung auch der Grund für die vermehrten Anschläge gegen Gipfelkreuze in verschiedenen Ländern.

Ein Standort mit besonderer Lage

Doch zurück zum Wengeberg und seiner Bestimmung. Die besondere Lage im Süden von Breckerfeld auf der Wasserscheide zwischen Volme und Ennepe machte die Erhebung bereits im 19. Jahrhundert zum perfekten Standort für die Station 45 der Preußischen Telegrafenlinie, die damals zwischen Berlin und der Rheinprovinz verlief.

1894 setzten die Breckerfelder auf ihrem Hausberg mit einem eisernen Aussichtsturm ein markantes Signal, das Aufmerksamkeit erregte. Im Untergeschoss des *Hohenzollernturms* wurden die Büsten der drei Monarchen des Deutschen Kaiserreichs aufgestellt: Wilhelm I., Friedrich III und Wilhelm II. Wie die Kaiserzeit in Deutschland erwies sich auch die Lebenszeit des Turms als überschaubar. Bereits in der ersten Hälfte des 20. Jahrhunderts wurde das Bauwerk demontiert und abgetragen.

Doch ob mit oder ohne Turm, ob mit oder ohne Kreuz: Der Wengeberg ist, so wie ihn die Natur erschuf, eine Sehenswürdigkeit der außergewöhnlichen Art, was ich aus eigener Anschauung nur bestätigen kann.

Station 3: Breckerfelder Mühlen
Alles fein gemahlen

Pustekuchen: Stillstand statt Bewegung. Das Karussell der Flügel fällt leider aus. Denn heute ist noch nicht einmal ein laues Lüftchen zu spüren. Deshalb tut sich bei der Bock-Windmühle in Breckerfeld nicht viel. Trotzdem lohnt ein Ausflug in das historische Ensemble allemal, wie ich finde.

Überraschung mit Aha-Effekt

Wer sich erstmals über die Landstraße dem nördlichen Ortausgang von Breckerfeld nähert, wird vermutlich seinen Augen kaum trauen. Erstaunlich: Eine Windmühle hier? Wie kommt ausgerechnet diese Anlage in eine Region, in der dank der zahlreichen Flüsse und Bäche eher Wassermühlen im Einsatz waren?

Um diese Frage vor Ort zu klären, hatte ich mich auf den Weg zum Mühlenhof begeben. Hier erwartete mich eine Ansammlung von Gebäuden, die allesamt aus vergangenen Jahrhunderten stammen und sozusagen aus ihrer ursprünglichen Heimat an den jetzigen Standort ausgewandert sind. Translozierung nennt das der Fachmann, wenn Bauwerke irgendwo abgebrochen und anderswo neu aufgebaut werden.

Diese Umsiedlung hat durchaus ihren Sinn. Denn nachdem verstärkt Industriebetriebe das Herstellen von Mehl übernahmen und Großbäckereien das Backen von Brot und anderen Teigwaren erledigten, begann das flächendeckende Mühlensterben im Lande. Die Gebäude, einst Mittelpunkt im bäuerlichen Dorfleben, verfielen. Mit ihnen die Kornspeicher, Backhäuser und andere handwerklichen Einrichtungen der Zeit.

So wäre es immer weiter gegangen, wenn sich nicht Liebhaber alter Handwerkstradition zusammengeschlossen hätten, um die letzten verbliebenen Mühlen vor dem Aus zu retten. So wie das Ehepaar Dietmar und Helga Thorschmidt aus Breckerfeld. Die beiden hatten die ehrgeizige Idee, in ihrem Heimatort ein Mühlenmuseum zu errichten. Originalgetreu mit Inventar und Arbeitszeug, um den Besuchern das Handwerk von Müller und Bäcker vorführen zu können.

Jahrhunderte ziehen um

Es blieb nicht bei der Absicht. 1996 konnte das kleine private Freilichtmuseum Eröffnung feiern. Doch bis dahin gab es eine Menge zu tun. Herzstück der Ausstellung ist besagte Bock-Windmühle Baujahr 1846, ursprünglich in der Mark Brandenburg in der Ortschaft Beeskow zu Hause. Als ältester Mühlentyp in Europa fand diese Version bereits im 11. Jahrhundert Erwähnung. Ihren Namen hat die Windmühle von dem speziellen Bockgerüst erhalten, in dem der Mühlenkasten gelagert ist.

Zur Ausstattung der Breckerfelder Mühle gehören außerdem zwei Kammräder, ein Sackaufzug, ein Steinhebekran sowie zwei Segeltuch- und zwei Jalousieflügel.

Im Gegensatz zu Holländermühlen, bei denen sich nur die Flügel im Wind drehen, bewegt sich hier die gesamte Konstruktion. Bläst der Wind von vorne, setzen sich sowohl das Mühlengehäuse als auch das Mahlwerk, das Getriebe und die komplette Maschinerie rund um den senkrecht stehenden Ständer in Gang. Nur dumm, wenn sich die Windrichtung ändert. Dann hatten die Müller von damals ein Problem, da ihre Anlage nur mit viel Aufwand in den Wind gedreht werden konnte.

Die Mühle bekommt Verstärkung

Lange musste die historische Mühle jedoch nicht allein in dem kleinen Breckerfelder Museumsort bleiben. Bald gesellten sich ein aus Lehm gebauter Kornspeicher und ein Bienenhaus hinzu, beides aus dem Soester Raum. Durch seine attraktive Architektur ist auch das Dreiständerhaus aus dem Jahre 1775 ein Blickfang, das zudem mit einem Original-Holzofen aus dem Münsterland ausgerüstet ist. Ideal, um in guter alter Tradition feines, naturbelassenes Brot zu backen. In dem urigen Bauernhaus befinden sich die Backstube, ein Verkaufsraum und eine gemütliche Kaffeestube, alles liebevoll eingerichtet mit Möbelstücken aus alter Zeit.

Schon bald nach seiner Eröffnung hatte sich der Mühlenhof als touristische Attraktion einen guten Namen gemacht. Die selbst produzierten frischen Backwaren fanden reißenden Absatz. Genau wie die regionalen Käsesorten, die Wurst- und Schinkenspezialitäten, die hier in reicher Auswahl angeboten werden.

Nah am Wasser gebaut

Nur einige Kilometer entfernt befindet sich eine weitere Station im Breckerfelder Umland, in der damals das Klappern zum Handwerk gehörte: Die Finkenberger Mühle im Tal des Schwarzenbruch-Bachs unweit der Grenze zu Ennepetal. Das denkmalgeschützte Anwesen mit dem Mühlenteich ist ein typisches Beispiel für die Wassermühlen, die seinerzeit häufig in der Region anzutreffen waren.

Die malerisch gelegene Getreidemühle wurde etwa um 1860 in Betrieb genommen und leistete bis zur ihrer Stilllegung 1964 ganze Arbeit. Mit dem wirtschaftlich bedingten Aus ging auch die letzte Mühle in dieser Gegend, die mit Wasserkraft betrieben wurde, unfreiwillig in Rente.

Glücklicherweise hat der Ruhestand dem zweigeschossigen Bruchsteingebäude und dem angebauten Wohnhaus aus den Jahren 1929/1930 nicht geschadet. So präsentiert sich die Finkenberger Mühle heute noch in einem guten Zustand. Vor allem das imposante oberschächtige Wasserrad mit einem Durchmesser von 5,60 Metern macht Eindruck.

Die Funktionsweise der geschichtsträchtigen Technik ist schnell erklärt. Sobald die Verbindung zum Mühlenteich hergestellt war, strömte das Wasser von oben über das Rad und brachte es durch das Gefälle entgegen der Flussrichtung ans Laufen. Die Übertragung der Kraft erfolgte über die Achse mit einem 0,65 m großen Durchmesser und zwei eisernen Kegelrädern auf den Königsbaum im Innern der Mühle. Mit Hilfe dreier Winden konnte dann wahlweise einer der drei Mahlgänge angetrieben werden.

Station 4: Krenzer Hammer
Höllisch heiß am Schmiedefeuer

Vorsicht ist geboten. Immerhin herrschen beim Schmiedefeuer im historischen Krenzer Hammer im Tal der Ennepe Höllentemperaturen um 1000°C. Gerade mal heiß genug, um den Stahl bearbeiten zu können. Aber zu heiß für die empfindlichen Samtpfoten einer Katze, obgleich unsere Gattung dank der Vorfahren aus Afrika hohe Temperaturen eigentlich ganz gut aushalten kann.

Wie vor hundert Jahren

Der erste Schritt in die schwarz verräucherte Werkstatt führt geradewegs zurück ins Jahr 1914. Damals verlagerte Friedrich Wilhelm Krenzer seine Produktion aus Gevelsberg an die Peddenöde und baute am neuen Standort eine hochmoderne Werkzeugfabrik auf. Ausgestattet mit allen technischen Schikanen, die in dieser Zeit auf dem Markt zu haben waren. Zur Anlage gehört auch ein Teich mit Wehr, der mittlerweile zur Stromerzeugung genutzt wird. Außerdem braucht die Schmiede das Wasser, um die Öfen zu kühlen und das Werkzeug zu härten.

Die Freiformschmiede setzte bei der Fertigung von Anfang an mutig auf Innovation. Beispielsweise wurde für den Antrieb des Hammers eine Wasserturbine verwendet und nicht wie üblich ein Wasserrad. Für die damalige Zeit eine Sensation. Auch die Konstruktion der Transmission erregte in der Branche Aufsehen, da sie an der Decke angebracht war und über Flachriemen die verschiedenen Maschinen in Bewegung brachte.

Wasserkraft und Antriebstechnik sind heute noch in Betrieb wie auch die Anlagen aus der Gründerzeit. Jeweils zwei Fall- und Lufthämmer, Schleifmaschinen sowie fünf Schmiedepressen produzieren weiterhin Werkzeuge, die im neunzehnten Jahrhundert noch mühsam in Handarbeit hergestellt wurden. 1980 kam in dem Maschinenpark eine Presse hinzu. Dank dieser Investition waren die Krenzer in der Lage, auch im Gesenk zu schmieden.

Die letzte Schmiede ihrer Art

48 Schmiedefeuer brannten einst im Tal der Ennepe. Heute ist der Krenzer Hammer die letzte noch arbeitende Freiformschmiede in der Region. Sozusagen ein lebendiges Industriedenkmal, das nun in vierter Generation von der Familie Krenzer gehegt und gepflegt wird. Selbst die Seniorchefin Ehrengard Krenzer, gleichzeitig Vorsitzende der Fördervereins Krenzer Hammer, beherrscht die alte Schmiedekunst und gibt ihr Wissen und Können an den interessierten Nachwuchs weiter. Darüber hinaus veranstaltet der Betrieb regelmäßig Führungen, um unter anderem Schülern das traditionsreiche Handwerk näherzubringen. Bei dieser Gelegenheit bekommen Jugendliche und Kinder die Möglichkeit, unter Aufsicht selbst den Hammer zu schwingen.

Eine besondere Technik mit Tradition

Natürlich hat sich die industrielle Technik der umformenden Metallbearbeitung inzwischen meilenweit vom ursprünglichen Handwerk entfernt. Deshalb sei an dieser Stelle die Frage erlaubt: Was versteht man eigentlich unter Freiformschmieden?

Zunächst einmal: Freiformschmieden ist das älteste Schmiedeverfahren der Welt. Zum Beispiel haben Funde in Ägypten und Indien gezeigt, dass dort vermutlich schon vor über 5000 Jahren Metalle in heißem Zustand geschmiedet wurden. Den Amboss nutzten übrigens bereits die Handwerker in der vorrömischen Eisenzeit.

Per Definition ist das Freischmieden ein spanloses Umformverfahren von Metallen zwischen zwei Werkzeugen. Nachdem das Schmiedestück in einem Ofen zum Glühen gebracht wurde, muss der Schmied das Teil auf dem Amboss mit einem Hammer oder einer Presse frei gestalten. Dies verlangt eine Menge Einfühlungsvermögen und Erfahrung. Denn das Werkstück erhält die gewünschte Form nur durch eine exakte Führung einerseits und durch die gezielte Steuerung der Schlagenergie andrerseits. Mit einem Schlag des Hammerkopfes ist es aber noch lange nicht getan. Meist sind nicht nur mehrere Hübe erforderlich, sondern auch verschiedene Arbeitsgänge wie Recken, Breiten, Stauchen, Rundieren, Absetzen oder Lochen, bis das Werkzeug zur Zufriedenheit des Freiformschmiedes fertig gestellt ist.

Unschlagbare Qualität aus der Manufaktur

Leute, die es wissen müssen, sind sich einig: Freiformschmieden ist nicht zu ersetzen. Und zwar aus verschiedenen Gründen. Zum einen kennen die Formenvielfalt und damit die Anwendungsbreite keine Grenzen. Zum andern punkten die Schmiedestücke durch eine überragende Qualität und schließlich ist die bewährte Technik immer noch die beste Wahl, wenn es darum geht, Einzelstücke oder kleine Serien wirtschaftlich herzustellen.

Vorteile, von denen auch die Kunden des Krenzer Hammers überzeugt sind. Noch heute können Abnehmer aus unterschiedlichen Berufsgruppen und Gewerken auf das traditionelle Produktprogramm aus den Anfangstagen zurückgreifen. Rund 200 Qualitätswerkzeuge wie Hämmer, Äxte, Hacken und Brechstangen bietet die umfangreiche Standardauswahl. Hinzu kommen Sonderanfertigungen und hochwertige Unikate, die nach entsprechenden Vorgaben des Auftraggebers produziert werden.

Somit stehen die Aussichten gut, dass im Tal der Ennepe das Schmiedefeuer noch lange Zeit lodern wird. Eine optimistische Perspektive am Ende eines beeindruckenden Reisetages.

Station 5: An der Ennepetalsperre
Genug für den ganz großen Durst

Voll bis obenhin. 12,6 Millionen Kubikmeter Wasser fasst das Staubecken, das sich im Süden der Hansestadt Breckerfeld über eine Fläche von rund 103 Hektar erstreckt. Ganz in der Nähe befindet sich das Wasserwerk Rohland. Die Haupteinrichtung des regionalen Versorgungsunternehmens AVU sorgt dafür, dass Trinkwasser in bester Qualität aus den Leitungen in Breckerfeld, Ennepetal, Gevelsberg, Schwelm, Sprockhövel und Wetter läuft. In der Stunde pumpt das Werk rund 1,2 Millionen Liter aufbereitetes Talsperrenwasser in die Haushalte der umliegenden Städte des Kreisgebiets. Klar und sauber, belüftet, gefiltert, enthärtet und keimfrei.

Doch so viel Wasser ist nicht allein zum Trinken da. Seit 2006 ist an der Ennepetalsperre eine Wasserkraftanlage in Betrieb, die im Jahresdurchschnitt rund 1,5 Millionen Kilowattstunden erzeugt. Diese Menge reicht aus, um etwa 400 Hausstände mit Strom zu beliefern.

Wenn das Wasser knapp wird

Der Anlass, am Ende des 19 Jahrhundert ein derart aufwendiges Stauwerk zu bauen, war ein Notstand, der die metallverarbeitende Industrie im Ennepetal immer stärker bedrängte. Anfangs konnten die ersten Hämmer entlang der Ennepe noch das Gefälle des Flusses nutzen, um genügend Antriebskraft für die Schmieden zu bekommen. Doch als sich immer mehr Betriebe mit hohem Energiebedarf ansiedelten, reichte die natürliche Strömung nicht mehr aus. Auch die zahlreichen neu angelegten Hammerteiche und Gräben stießen im Laufe der Zeit an die Kapazitätsgrenze. Erschwerend kam hinzu, dass der Pegel der Ennepe erheblich schwankte und in trockenen Sommern kaum noch Wasser zur Verfügung stand. Eine wirtschaftlich schwierige Situation, in deren Folge oftmals etliche vom Wassermangel betroffene Betriebe für Monate schließen mussten.

Eine Legende der innovativen Bautechnik

So durfte und konnte es nicht weitergehen. Zusammen mit weiteren Geldgebern beschlossen anno 1899 die damaligen Triebwerksbetreiber, Prof. Dr.-Ing. Otto Intze von der Technischen Hochschule Aachen mit der Planung einer Talsperre an der Ennepe zu beauftragen. Mit der Berufung dieses bekannten Bauingenieurs hatte man sich einen legendären Pionier ins Haus geholt, der damals federführend bei der Konstruktion moderner Trinkwasser-Stauanlagen war. Mit dem ersten Spatenstich am 29. Januar 1902 konnte eines der ehrgeizigsten Bauvorhaben in der Region nach langer Vorbereitung starten.

Die Mauer als Herzstück

Wie bei allen Intze-Talsperren bildete auch bei dem neuen Ennepetal-Projekt eine mächtige Bruchsteinmauer das Herzstück der Anlage. Doch alsbald stellte sich heraus, dass die ursprüngliche Höhe von rund 51 Metern bei einer Kronenlänge von 320 Metern und einer Kronenbreite von 4,5 Metern für das benötigte Stauvolumen nicht ausreichte, um einen gleichmäßigen Abfluss über das gesamte Jahr zu gewährleisten. Folglich wurde die Staumauer bereits 1912 um weitere zehn Meter erhöht. Mit dieser Maßnahme war es möglich, die bisherige Staumenge von 10,3 Millionen Kubikmeter um 2,3 Millionen Kubikmeter zu erhöhen und damit auf den bis jetzt aktuellen Stand zu bringen.

Technik auf dem Stand des Fortschritts

Auch wenn die Blütezeit der Hammerwerke im Laufe der Jahre zu Ende ging, blieb die Bedeutung der Ennepetalsperre als bedeutendes Trinkwasser-Reservoir für die Region weiterhin erhalten. Gegenwärtig entnimmt die AVU Gevelsberg neun Millionen Kubikmeter Rohwasser im Jahr aus der Talsperre, um die lokale Trinkwasserversorgung im Umkreis sicherzustellen

Nach der Übernahme durch den Ruhrverband folgten aufwendige Sanierungsarbeiten, die von 1997 bis 2001 andauerten und nahezu sämtliche Bereiche erfassten. Zu den wichtigsten Details gehörte der Bau eines Kontroll- und Drainagestollens mit einem Durchmesser von drei Metern, der sich zwischen Mauer und Felsuntergrund über 400 m erstreckt. Außerdem wurden im Mauerinnern zahlreiche Messstationen installiert, um Daten über Wasserdrücke, Temperaturen und die Menge des auftretenden Sickerwassers zu erhalten. Darüber hinaus schickten die Techniker die fast hundert Jahre alten Schieber auf der Wasserseite in den Ruhestand und ersetzten die Teile durch zeitgemäße, hydraulisch betriebene Verschlüsse.

Ein Ort der Ruhe in der Landschaft

Über all der bewundernswerten Leistung der beteiligten Planer, Ingenieure und Techniker darf jedoch ein Punkt nicht zu kurz kommen: Die Ennepetalsperre ist ein Pol der Ruhe und Abgeschiedenheit in einer wunderschönen, waldreichen Umgebung. Selbstverständlich streng geschützt vor möglichen Beeinträchtigungen. So ist die Zufahrt beispielsweise für Autos verboten. Wer sich als Wanderer allerdings die Mühe macht, den verschwiegenen Weg zur Sperre zu gehen, wird durch eine landschaftlich bezaubernde Idylle belohnt. Ein Plätzchen zum Verweilen, ganz nach meinem Geschmack.

Station 6: Beyenburg
Wo der Kreis baden geht

Wer in Beyenburg über die Wupper geht, überquert dabei die Grenze vom Rheinland nach Westfalen. Denn die Trennlinie zwischen Wuppertal und Schwelm zieht sich genau durch die markante Wupperschleife vor Ort. Wegen der angeborenen Wasserscheu ist das nasse Element allerdings nicht mein Fall. Deshalb blieb ich lieber trockenen Fußes am Ufer stehen. Von dort konnte ich mir in aller Ruhe ein Bild von dieser historisch interessanten Gemengelage machen, bei der lange Zeit eine Brücke die Hauptrolle spielte.

Seit dem 14. Jahrhundert verlief der kleine Grenzverkehr über die Beyenburger Brücke. Als eine wichtige Zollstation und politische Verhandlungsstätte besaß das Bauwerk damals überregionale Bedeutung. Denn hier führte nicht nur die Handelsstraße von Köln über Dortmund nach Soest vorbei. Der Übergang wurde auch von den Pilgern genutzt, die auf dem Jakobsweg unterwegs waren. Die frommen Reisenden fanden im benachbarten Kreuzherrenkloster Steinhaus eine willkommene Herberge, um sich von den Strapazen ihrer Wallfahrt ins ferne Italien auszuruhen.

Und wenn bei den zahlreichen Fehden im Mittelalter mal wieder Truppen und Kriegsgerät in Bewegung gesetzt wurden, nahm auch das Militär diesen Weg als Heerstraße. Schon Karl der Große soll den Brückenweg bei seinem Marsch gegen die Sachsen eingeschlagen haben, was gut möglich ist, Denn bereits zur Zeit der Karolinger im 8. bis 9. Jahrhundert entstanden hier im Beyenburger Tal der Wupper die ersten Ansiedlungen.

Die Kirche als Zolleintreiber

Zum Schutz von Brücke und Kloster wurde die Burg Beyenburg errichtet, die urkundlich um 1336 erste Erwähnung fand und im Dreißigjährigen Krieg zerstört wurde. Wegezoll kassierten bis ins 19. Jahrhundert die Kirchmeister der Steinhausener Kapelle. Wie Dokumente aus der Zeit belegen, mussten anno 1811 für einen einspännigen Wagen zwei, für ein zwei- oder dreispännige Fuhrwerk drei bzw. vier Stüber entrichtet werden. Ein Stüber entsprach etwa dem Wert von 4 Pfennigen.

Ein Ort für einträgliche Geschäfte

Zu beiden Seiten der Brücke hatten sich in diesen Jahren jeweils zehn Häuser angesiedelt, die von Fuhrleuten, Pferdetreibern, Bierbrauern und Schnapsbrennern bewohnt wurden. Für sie alle ein einträglicher Standort für Geschäfte, da die Brücke jeweils eine Tagesreise entfernt in der Mitte der Strecke Köln – Dortmund lag. Klar, dass viele Passanten und Touristen hier gerne einen Halt einlegten, um zu rasten oder zu übernachten.

1815/16 zählte die Meldeliste insgesamt 60 Einwohner in Beyenburg. Laut der Statistik und Topographie des Regierungsbezirkes Düsseldorf befanden sich 1832 im sogenannten Weiler Beienburgerbrücke fünf Wohnhäuser, sechs landwirtschaftliche Gebäude und zwei Fabriken.

Die Beyenburger mussten allerdings noch 28 Jahre warten, bis ihr Örtchen mit einer befestigten Straße an Barmen angebunden wurde. Die geschichtsträchtige Wupperbrücke wurde im Zweiten Weltkrieg dem Erdboden gleichgemacht und 1951 wieder aufgebaut.

Reges Treiben am See

So viel zur abwechslungsreichen Historie. Heute gehört Alt-Beyenburg mit seinen romantischen Fachwerkbauten zu den architektonischen Besonderheiten in der Grenzregion zwischen Bergischem Land und Ennepe-Ruhr-Kreis.

Unter anderem strömen jährlich Hunderte zum traditionellen Drachenbootrennen an den Beyenburger Stausee, der sich über eine Fläche von 16 ha am Ortsrand erstreckt und in den 50er Jahren als Erweiterung einer Hochwasser-Schutzanlage errichtet wurde. Übrigens auch ein fischreiches Angelgewässer, aus dem so mancher Petri-Jünger einen kapitalen Fang holen konnte.

Ein kleines Wunder im Zeichen des Kreuzes

Und es gibt von noch einer Besonderheit zu berichten: Am Schemm, auf Ennepetaler Gebiet des Beyenburger Stausees, steht seit 2008 die kleine Wallfahrtskapelle „Maria im Schnee". Anlass für den Bau war ein Kreuzzeichen auf dem Grundstück, das zufällig auf Fotos entdeckt wurde. Obwohl nur zehn Besucher in dem Raum Platz finden, erfreut sich die Kapelle mit der Statue der Schwarzen Madonna sowie einem Kerzenbaum großer Wertschätzung für Einkehr oder für ein Gebet. Wer mehr erfahren möchte, dem verrät das Kirchlein durch seine Bemalung alles Wichtige: „Stall und Waschhaus war ich. Kapelle bin ich. Wanderer, grüß ich. Segen wünsch ich"

Station 7: Haus Rocholz
Besuch vom Mann ohne Kopf

Sagenhaft! Manches Mal kann es von Vorteil sein, sich so wie ich aufs Verstecken zu verstehen. Wäre ich etwa zur Geisterstunde um Mitternacht ohne Deckung auf dem Gelände unterwegs gewesen, hätte es unter Umständen zu einer unheimlichen Begegnung kommen können. Wie eine Geschichte aus grauer Vorzeit berichtet.

Als vor rund 650 Jahren der Rittersitz Gut Rocholz an der damals noch ungestümen Ennepe errichtet wurde, ahnten die Bewohner noch nichts von Spuk und Gespenstern. Erst mit dem Bau des Herrenhauses anno 1696 sollte es mit der Beschaulichkeit vorbei sein. Und gleich auf zweifache Weise.

Spuk im Doppel

Das Anwesen, umgeben von einem acht Meter breiten und drei Meter tiefen Wassergraben, bildete durch die rechteckige Anordnung seiner Wirtschaftsgebäude einen Innenhof, auf dem einige mächtige Kastanienbäume standen. In hellen Vollmondnächten wurde hier eine männliche Gestalt gesichtet, die den Kopf unter dem Arm trug. Andere Augenzeugen berichteten dagegen, einem Reiter auf einem wiehernden Schimmel begegnet zu sein, der mit lautem Hufgeklapper über die Pflastersteine preschte.

Geisterjäger wie Historiker sind sich einig, dass beide Erscheinungen wohl aus der Zeit der napoleonischen Kriege stammen. Während es sich bei dem kopflosen Besucher um einen ehemaligen Besitzer des Rittergutes handelte, der sein Haus gezwungenermaßen der gefürchteten Besatzungsarmee zur Verfügung stellen musste und sehr darunter zu leiden hatte, soll der Schimmelreiter ein französischer Soldat sein, der dem Kaiser Napoleon eine schlechte Nachricht zu überbringen hatte und diesen Botendienst wahrscheinlich auf übelste Weise büßen musste.

Von Rittern und Händlern

Bei meinem Besuch an diesem heiteren Sommertag war allerdings weit und breit nichts Gespenstisches auszumachen. Stattdessen ergab sich ein ungehinderter Blick über den historischen Gutshof, der ursprünglich dem Adelsgeschlecht derer von Berchem in Gevelsberg gehörte. 1740 ging das Gut Rocholz in den Besitz der Familie von Maltitz über, die schon damals die Ennepe-Wiesen zum Bleichen von Garnen nutzte. Als 48 Jahre später die Kaufmannsfamilie Wuppermann das imposante Ensemble in einer Versteigerung erwarb, wurde das erträgliche Geschäft kommerziell ausgebaut.

Vier Glasfenster mit der Darstellung von vier Erdteilen in einem der Turmzimmer des Anwesens erinnerten lange Zeit an die wirtschaftliche Potenz der neuen Besitzer zu Beginn des 19. Jahrhunderts. 1804 besaß Gut Rocholz nach offizieller Schätzung einen Wert von 30.000 Gulden.

Die schlimme Franzosenzeit

Nach dem Tilsiter Frieden 1807 musste Preußen die Grafschaft Mark an Frankreich abtreten. In der Folge hatten die Eigentümer von Rocholz, wie andere Hofschaften und Gemeinden in der Region auch, unter der napoleonische Herrschaft zu leiden. Denn der französische Kaiser brauchte Geld für seine Kriege und belegte seine Untertanen mit immer höheren Abgaben. 1813 beendeten russische und preußische Truppen das leidvolle Regiment. Gut Rocholz wurde im Laufe der Befreiungskämpfe von Zwangsbelegungen verschont; lediglich am 13. und 29. April 1814 nahmen russische Soldaten dort Quartier, wie die Chronik berichtete.

1924 wurde das Gut für insgesamt 900.000 Mark an den Landkreis Hagen veräußert, der dort ein Mustergut errichten wollte. Zunächst aber war geplant, 120 Morgen Wald abzuholzen, wogegen sich die Gevelsberger erfolgreich wehrten. Doch die ehrgeizigen Pläne blieben in der Schublade, nachdem der neugegründete Ennepe-Ruhr-Kreis Rocholz übernommen hatte. Im Gegenteil: 1937 verkaufte die Verwaltung das Gut in Teilstücken an verschiedene Interessenten, so dass eine ganzheitliche Bewirtschaftung nicht mehr möglich war. Damit war der Abwärtstrend eingeläutet.

Unter der Nazi-Diktatur musste das Haus für ein Zwangsarbeiterlager herhalten, das verschiedene Gevelsberger Firmen mit Arbeitskräften versorgte. Nach dem Krieg geriet Rocholz in Vergessenheit. Pflege und Erhaltung ließen zu wünschen übrig. Mit sichtbaren Folgen.

Ein neues Domizil im Stall

Heute ist von der alten Pracht des ehemaligen herrschaftlichen Gutes mit seinem stilvollen Barockgarten nicht viel übrig geblieben. Zunehmend dem Verfall preisgegeben, übernahm 2006 ein Investor das ehrwürdige Gemäuer, um dort ein modernes Wohnquartier aufzubauen. Die Arbeiten sind mittlerweile so gut wie abgeschlossen - allerdings nicht immer zur Zufriedenheit etlicher Gevelsberger, die dem architektonisch bedeutsamen Wasserschloss so manche heimliche Träne nachweinen.

Ein alter Torbogen, eine Gartenpforte aus vergangener Zeit, das Herrenhaus mit seiner beeindruckenden Fassade und die zu hellen Komfortwohnungen umgewandelten Stallungen und Wirtschaftsräume rund um den Innenhof lassen noch etwas vom Glanz vergangener Epochen erahnen, in denen Gut Rocholz als ein stolzes, weithin bekanntes Kastell seinem Heimatort alle Ehre gemacht hatte.

Station 8: Haus Martfeld
Mit dem Aufzug in die Vergangenheit

Als ich auf meinem Catwalk die gute Stube Schwelms besuchte, zeugte noch ein letztes Gerüst von den umfangreichen Sanierungsarbeiten, die Anfang des Jahres 2019 mit großem Aufwand begonnen wurden. Rund 1.070.000 Euro, teils aus Spenden rekrutiert, hatte die Stadt in den vergangenen sieben Monaten investiert, um Haus Martfeld einerseits wieder in Stand zu setzen, andererseits aber auch komfortabler und besucherfreundlicher zu gestalten.

Dazu leistet der Aufzug, der nunmehr einen barrierefreien Zugang zu Museum und Veranstaltungsfoyer erlaubt, einen maßgeblichen Beitrag. Ebenso setzen die neuen 57 Holzsprossenfenster, die in optisch perfekter Weise die einfachverglasten Vorgänger ablösen, ein Zeichen für vorbildlich verwirklichten Denkmalschutz.

Aus kleinen Anfängen gewachsen

Zweifellos hat es der kurkölnische Burgmannssitz aus dem 14. Jahrhundert verdient, als einzigartiges Denkmal vergangener Epochen aufwendig geschützt zu werden. Ursprünglich erfüllte das Wasserschloss die Aufgabe eines militärischen Stützpunktes, die Besitztümer des Kölner Erzbischofs zwischen Wupper und Ruhr zu kontrollieren und gegen mögliche Angreifer zu verteidigen. Eine Verpflichtung, die seinerzeit die Ritter aus dem Geschlecht Wandhoff übernahmen.

Gebaut auf dem Martfeld, was so viel wie sumpfiges Gelände bedeutet, hatte die Kleinfestung der Gründerjahre nicht viel mit dem späteren Prachtbau gemein. Vermutlich bestand die Anlage lediglich aus einem einfachen Steinhaus mit zwei Räumen – der Küche und einem Schlafzimmer. In der Folgezeit gewann das Anwesen durch Zukäufe beträchtlich dazu. So gehörten unter anderem Wälder und Ackerland, eine Fischerei an der Wupper sowie eine Wassermühle zum Besitz.

Anerkennenswert ist, dass sich die vielfach wechselnden Eigentümer vorsorglich um den Bestand und Erhalt des Schlosses kümmerten. Dabei hinterließen sie architektonische Spuren der jeweiligen Periode, die Haus Martfeld zu einem baulichen Zeitzeugen der Vergangenheit machen.

Architektur der Zeitgeschichte

Der älteste Teil des Gebäudes, ein mächtiger Rundturm, stammt aus dem Jahre 1450 und liefert ein Beispiel für Trutz und Schutz der damaligen Burgen. Fast zweihundert Jahre später beauftragte Adolf Wilhelm Raitz von Frentz seine Baumeister mit der Errichtung des Nordflügels; nach Abschluss der Arbeiten folgte der Bau des viereckigen Torturms mit einer Zugbrücke. Doch der Zahn der Zeit nagte so sichtbar an dem herrschaftlichen Haus, dass Johann Peter Hochstein, der Martfeld anno 1752 kaufte, nicht umhin kam, kräftig zu investieren. 1755 ließ er den maroden Westflügel abreißen und im Gegenzug den Südflügel erbauen, der dem Ensemble seine heutige unverwechselbare Gestalt gibt.

Eine Freifrau im Einsatz

Da nun im und am Gebäude alles gut bestellt war, wurde es Zeit, sich um die Außenanlagen zu kümmern. Genau das unternahm im 19. Jahrhundert Friederike Freifrau von Elverfeldt als neue Besitzerin, indem sie eine üppige Parkanlage um das Anwesen herum anlegte. Mit 9,4 ha die größte gestaltete Grünfläche im Schwelmer Stadtgebiet, wobei etwa 0,7 ha als wertvolles kommunales Biotop eingestuft werden. Die engagierte Dame ließ es aber damit nicht bewenden.

Sie gab ebenfalls eine neugotische Grabkapelle in Auftrag, die 1860 nach der Vorlage des Kölner Architekten Vincenz Statz entstand. Versteckt im Wald gelegen, lohnt sich ein Ausflug zu dem kleinen Gotteshaus auch heute noch. Unter anderem finden geologisch Interessierte hier eine Sammlung von Fossilien aus dem Schwelmer Massenkalk, die Aufschluss über die Erdgeschichte in der Region gibt. Archäologische Erkenntnisse besagen übrigens, dass sich rund 80 m entfernt ein Vorläufer der Elverfeldt-Kapelle befunden hatte. Und zwar in Form einer Turmburg, die auf einem künstlichen Erdhügel, einer sogenannten Motte, platziert war.

Vom Gestern zum Heute

Darüber hinaus erinnert im Martfeld-Park ein Kollergang aus den 1930er Jahren, wie die Mahlwerke zum Mahlen und Mischen von Steinen, Erzen und Papierrohstoffen fachmännisch genannt werden, an die industrielle Vergangenheit einer namhaften Papierfabrik aus der Gegend..

Eine weitere historische Besonderheit ist dagegen unwiederbringlich verloren gegangen: Der berühmte Haferkasten aus dem 16. Jahrhundert fiel einer Brandstiftung zum Opfer. Ob eine Rekonstruktion des ehemaligen Wahrzeichens geplant ist, stand zum Zeitpunkt meines Abstechers noch nicht fest.

Haus Martfeld bewahrt aber nicht nur wichtige Zeugnisse einer ruhmreichen Vergangenheit in seinen Mauern, sondern ist auch ein Ort von kultureller Bedeutung. Seit 1962 beherbergt das Schloss das stadtgeschichtliche Museum sowie das Stadtarchiv. Außerdem zählt Haus Martfeld mit einem umfangreichen Veranstaltungsprogramm zu den angesagten Event-Locations im Einzugsgebiet.

Station 9: Bahnhof Schee
Endstation für den Zug der Zeit

Während bereits in der Mitte des 19. Jahrhunderts fast überall im Revier die vollbeladenen Kohlezüge über die Schienen rollten, hatten die Haßlinghausener offensichtlich den Anschluss verpasst. Denn obwohl die Gemeinde dank ihrer erfolgreich wachsenden Industrie durchaus mit anderen Städten an Ennepe und Ruhr mithalten konnte, machte die Bahn lange Zeit einen Bogen um das heutige Sprockhöveler Gebiet.

Diese Zurückhaltung hatte einen guten Grund. Denn die hügelige Strecke zwischen Ruhr und Wupper als Verbindungsweg von den Zechen zu den Unternehmen, die das Schwarze Gold für ihre Produktion benötigten, bereitete den Verkehrsplanern von damals Kopfzerbrechen. So war auf der 15 km langen Trasse von Hattingen bis zum höchsten Punkt am Bahnhof Schee ein Höhenunterschied von 185 m zu überwinden.

Zwar wurden zahlreiche Projekte in Angriff genommen wie beispielswiese eine Pferdebahn von Nierenhof über Herzkamp und Horath nach Elberfeld oder eine Streckenführung , die nach den Plänen der Siegburg-Wittener-Eisenbahngesellschaft auch über Haßlinghausener Gebiet laufen sollte. Doch all diese Vorhaben scheiterten an mangelndem Kapital oder auch an fehlender Unterstützung durch die öffentliche Hand.

Eine Durststrecke voller Entbehrungen

Erst mit der Verstaatlichung der Rheinischen Eisenbahngesellschaft kam Bewegung in die Sache. Denn nun nahm sich die Preußische Staatsbahn der Angelegenheit an.1884 war es dann so weit: Der erste Zug kam auf der Stecke Wichlinghausen-Hattingen zum Einsatz. Elf Jahre lagen zwischen der Konzessionsvergabe und der Fertigstellung der Trasse.

Das lange Warten auf den dringend herbeigesehnten Eisenbahnanschluss hatte einen hohen Tribut gefordert. 1895 begann das große Sterben der Hüttenwerke in der Region, die auf Grund von Überproduktion schließen mussten. 180 Hüttenarbeiter verloren daraufhin in Haßlinghausen ihre Arbeit; Lieferanten und Zechen erlitten drastische Umsatzeinbrüche. In den folgenden Jahren verließen rund 700 Menschen ihre angestammte Heimat, weil sie dort kein Auskommen mehr fanden. Immerhin ein Fünftel der Einwohnerschaft in der Gemeinde Haßlinghausen. In einem Brandbrief appellierte der zuständige Amtmann Becker 1883 an den Landrat: „Nur durch die baldigste Durchführung dieser Eisenbahn kann der hier noch immer darniederliegenden Industrie wieder aufgeholfen werden."

Ein Kraftakt, der sich rechnete.

Im März 1885 erfolgte die staatliche Genehmigung für den Bau der 9160 m langen Strecke vom Bahnhof Schee bis zur Zeche Trappe nach Silschede. Das Plazet war mit der Auflage verbunden, die benötigten Grundstücke kostenlos zur Verfügung zu stellen. Für Haßlinghausen ein Kraftakt, der über 200.000 Mark kosten sollte und kaum zu stemmen war.

Die Entscheidung erwies sich aber bald als goldrichtig. Denn der Bahnhof Schee entwickelte sich aufgrund der Kohlentransporte zeitweise zu einer der umschlagstärksten Stationen in Preußen, ausgerüstet mit 13 Gleisen und drei Stellwerken. Hauptnutzer war bis zu ihrer Schließung die Zeche „Alte Haase" in Sprockhövel. Mit dem Beginn des Unter-Tage-Baus lief es auch für die Eisenbahn im Quartier rund. Der besagte Amtmann Becker notierte 1890 voller Zuversicht:: „Kein Mangel an Arbeit. Seit der Eröffnung der neuerbauten Bahnstrecke Schee-Silschede hat sich der Verkehr und namentlich der Betrieb auf den hiesigen Steinkohlezechen und Steinbrüchen sehr gehoben."

Für Statistik Liebhaber vielleicht noch interessant: 1885 hatte der Ort Bahnhof Schee geradezu winzige Dimensionen. Gerade mal 19 Personen, die in zwei Häusern lebten, bildeten die Einwohnerschaft. Zwanzig Jahre später waren laut Gemeindelexikon für die Provinz Westfalen dort 74 Bürger in fünf Wohnhäusern ansässig.

Bahntrassen-Radeln von Ruhr zu Ruhr

Heute, da der Personenverkehr längst eingestellt und der letzte Güterzug auf dem Abstellgleis gelandet ist, bietet sich ein völlig anderes Bild. Nahezu unverändert ist lediglich das zum größten Teil verschieferte Empfangsgebäude des historischen Bahnhofs aus dem Jahr

1886 geblieben, das mittlerweile unter Denkmalschutz steht. Übrigens bei Regisseuren eine gern genutzte Filmkulisse.

Ehemals ein stark frequentierter Umschlagplatz, ist der Bahnhof Schee inzwischen wiederum ein verkehrstechnisch wichtiger Knotenpunkt, an dem die Nordbahntrasse aus Wuppertal und die Glückauf-Trasse aus Sprockhöveler Gebiet aufeinandertreffen. Denn seit 1992 verläuft hier einer der ersten Bahntrassen-Radwege des Ruhrgebiets. Auch die in Schee abzweigende Strecke der einstigen Kohlenbahn nach Silschede über Haßlinghausen zählt zu dem attraktiven Wegenetz von ‚Ruhr zu Ruhr'. Schade, dass ich kein Talent zu Radeln habe.

Ein Highlight des Bahntrassen-Radelns ist sicherlich die Fahrt durch den 195 Meter langen Schulenbergtunnel in Hattingen, der erste Radwegtunnel des Ruhrgebiets. Der Bau sämtlicher Abschnitte vom Tunnel Schee bis Hattingen erfolgte unter der Regie des Regionalverbandes Ruhr. Südlich davon zeichnete die Stadt Wuppertal verantwortlich.

Übrigens: Der 722 m lange Schee-Tunnel bleibt zum Schutz der Fledermäuse, die dort in beachtlicher Anzahl ihr Domizil aufgeschlagen haben, vom 28. Dezember bis 2. Januar ganztägig und zwischen dem 15. Februar und dem 15. April jeweils von 23 bis 6 Uhr geschlossen. Sollen sie in Ruhe überwintern. Ich gönne es ihnen, da ich an diesen unheimlichen Flattergesellen sowieso kein Interesse habe. Auch wenn es eine Legende ist: Ich gehe Vampiren und anderen Blutsaugern tunlichst aus dem Weg.

Station 10: Zur Glückauf-Trasse
Radeln auf dem Weg der Kohle

Wo früher die Kohlenbahn vollbeladen mit Schwarzem Gold aus dem Revier unterwegs war, tummeln sich heute Tag für Tag viele hundert Menschen. Zu Fuß oder per Rad legen sie die ehemalige Bahnstrecke über Schee nach Silschede und Hattingen zurück, um zur Arbeit zu kommen oder um den Feierabend sportlich aktiv zu verbringen.

Durch Wälder und Felder

Die Glückauf-Trasse in Sprockhövel ist Teil des Von-Ruhr-zu-Ruhr-Radrundweges und führt in einer Länge von 22 km durch eine beschauliche Landschaft am Südrand des Ruhrgebiets. Der Wechsel von schattigen Waldstücken, Wiesen und Feldern macht dabei den besonderen Reiz dieser attraktiven Wegstrecke aus. Auch kulturhistorisch bietet die Glückauf-Trasse interessante Ein- und Ausblicke. Beispielsweise in die Bergbau-Vergangenheit entlang des Streckenverlaufs. Ebenso verspricht die Fahrt durch stillgelegte Tunnel und über alte Viadukte neue Eindrücke.

Gleichzeitig stellt die Glückauf-Trasse eine Verbindung zur Wuppertaler Nordbahntrasse her - verkehrstechnisch also für die vielen Radfahrer in der Region ein echter Gewinn, die jetzt nonstop noch mehr Ziele im Quartier erreichen können.

In Zukunft noch schöner

Trotzdem: Die Trasse soll künftig noch schöner werden. So lautet jedenfalls der Plan, den der Ausschuss für Umwelt, Verkehr, öffentliche Sicherheit und Ordnung im Frühjahr 2019 zur Attraktivitätssteigerung fasste.

Angedacht ist unter anderem ein Masterplan, der Verbesserungen im Bereich der Infrastruktur und der Instandhaltung der Anlage vorsieht. Außerdem sind Überlegungen im Gange, um durch gezieltes Marketing, Kunstaktionen, die Ausweitung des gastronomischen Angebots und die Errichtung von zusätzlichen Rastplätzen noch mehr Akzeptanz für den Rad- und Wanderweg zu schaffen.

Mit dem Ausbau der Glückauf-Trasse ist zweifellos das Radverkehrswegenetz im Revier und im angrenzenden bergischen Städtedreieck ein Stück weit komfortabler geworden. Mehr noch. Die beteiligten Kommunen leisten mit dem Trassenradeln einen wichtigen Beitrag zum Klimaschutz. Denn Fahrräder verursachen keinen CO_2-Ausstoss.

Station 11: Im Mais-Labyrinth
Versteckspiel auf dem Lande

Wo geht's lang? Ich weiß es. Da ich wie alle meine Artgenossen über einen exzellenten Orientierungssinn verfüge, gehörte es zu meinen leichteren Übungen, das 2,5 km lange Netz der Irrwege in dem mehr als fünf Hektar großen Maisfeld zu erkunden.

Das Mais-Labyrinth auf dem historischen Berger Hof in der Elfringhauser Schweiz hat bereits Tradition. Jedes Jahr von August bis Oktober wagen sich kleine wie große Besucher in das Abenteuer Irrgarten mit der Hoffnung, den richtigen Weg hinaus zu finden. Verbunden ist das Versteckspiel stets mit Suchaufgaben, deren korrekte Lösung später an einer Tombola teilnehmen kann.

Bis zu drei Meter hoch wächst der Mais im Labyrinth an höchster Stelle. Keine Chance für einen Blick ins Freie. Bauer Heinrich Reuter hat mit seinem Radlader ganze Arbeit geleistet, mit dessen Hilfe er während der unterschiedlichen Wachstumsphasen der Futterpflanze die Pfade im Feld anlegte. Wer drin ist, kommt nicht so schnell hinaus. Nur mit einer guten Spürnase lässt sich die Anordnung der Streckenführung überhaupt erkennen. Doch keine Bange vor den Irrungen und Wirrungen im Maisfeld.. Folgen Sie mir einfach auf Schritt und Tritt Richtung Ausgang.

Ein Bauernhof hoch auf dem Berge

Zurück auf sicheren Boden, lohnt sich ein Rundgang durch das Gehöft, das als Haus *up dem berge* 1482 zum ersten Mal urkundlich erwähnt wurde. Zweihundert Jahre später gehörte der Hof ‚Oberste Berg' zu den reichsten landwirtschaftlichen Anwesen des Registers vom Amt Blankenstein. Auch noch interessant: In einem der Fachwerkgebäude auf der Hofschaft befand sich seinerzeit die älteste Schule von Bredenscheid-Stüter. Zudem wurde die erste Windradanlage im Ruhrgebiet hier auf dem 273 m hohen Juttermannsberg errichtet.

Lecker, lustig und lebendig.

Nach mehrfachem Eigentümerwechsel wurde der Hof 1899 von Heinrich Reuter erworben. In den Folgejahren entwickelte sich der Betrieb zu einem Direkt-Vermarkter eigener Erzeugnisse. Mit eine Landmetzgerei, Imbiss und Räucherstube, mit einer Freilandgastronomie auf der Wiese unter schattigen Bäumen, wo man vom reichhaltigen Frühstück über einen zünftigen Eintopf zum Mittag und selbstgebackenen Kuchen zum Kaffetrinken bis zur deftigen Vesperbrotzeit viel Leckeres serviert bekommt, was das Land in den Jahreszeiten zu bieten hat. Im Hofladen drängeln sich zumeist die Leute, die das saisonale Angebot an Obst und Gemüse zu schätzen wissen.

Für die kleinen Gäste ist der Berger Hof das reinste Kinderparadies. Denn auf diesem Erlebnisbauernhof können die Gäste aus der Stadt nicht nur frische Landluft schnuppern, sondern auch Ziegen, Gänse, Pferde und Esel in „echt“ erleben, Ponys reiten, Erdbeeren pflücken oder auf dem Traktor durchs Gelände kutschieren.

Auf Schusters Rappen

Gestärkt und gut mit den berühmten, geräucherten Würstchen aus dem Hofkamin versorgt, nutzen viele Besucher die Gelegenheit, von hier aus zu einer Wanderung in die malerische Elfringhauser Schweiz aufzubrechen. Allein um den Berger Hof gibt es ein ausgeschildertes Wegenetz von 40 km. Darunter auch ein ökologischer Lehrpfad, der durch Streuobstwiesen und Auen führt. Die schöne Landschaft lässt sich übrigens auch mit dem Mountain-Bike bestens erkunden.

Verortet ist die Hügelkette zwischen Hattingen, Wuppertal, Sprockhövel und Velbert. Ein idealer Ort, um die Seele baumeln zu lassen. Denn neben romantischen Wäldern, murmelnden Bächen, einsamen Gestüten und Bauernhöfen findet der gestresste Mensch von heute eines hier im Überfluss: Ruhe, Ruhe, Ruhe. Und diese Stille sozusagen direkt vor der Haustür.

Der südlichste Zipfel des Ruhrbergbaus

Geprägt wird die Elfringhauser Schweiz von dem Deilbachtal und dem Felderbachtal, die von teilweise 300 m hohen Erhebungen eingerahmt sind. Das Hügelland dient neben Land- und Forstwirtschaft vor allem als

Erholungsgebiet. Der Vollständigkeit halber sei noch ein kleiner Exkurs in die geologische Vergangenheit erlaubt.

Südöstlich reichen Ausläufer der südlichsten Schichten des Steinkohlegebirges in die Gegend. Aus diesem Anlass gehörte der Streifen Land auch recht bald zu den Fördergebieten im Revier. So befand sich in der Elfringhauser Schweiz die südlichste Bergbau-Anlage des Ruhrgebietes – der Schacht Niederheide, ein Ableger der Zeche ‚Alte Haase' aus Sprockhövel.

So viel zu sehen, so viel zu staunen. Bestimmt ein Grund, zu diesem herrlichen Fleckchen Erde bald einmal zurückzukehren.

Station 12: Das Felderbachtal
Selten, eigenartig und besonders schön

Das über sieben Hektar große Bachtal im Hattinger Ortsteil Niederelfringhausen vereint alle Kriterien, die ein außergewöhnliches Naturschutzgebiet ausmachen. Damit erfüllt das Areal sämtliche Bedingungen, um gefährdeten Pflanzen und wildlebenden Tierarten ein sicheres Biotop zu bieten.

Als ich an diesem Tag zu meinen Streckenabschnitt auf dem Catwalk aufbrach, lag ein gelber Schimmer über vielen Feldern. Hier hatten die Bauern neue Senfsaat als Zwischenfrucht für den Herbst ausgebracht, die jetzt in voller Blüte stand. Ein wunderschöner Anblick im Sommersonnenlicht. Heimat zum Verlieben.

Gemächlich bis fleißig

Der Felderbach, der dem Tal seinen Namen gab, entspringt im Norden Wuppertals nahe Sprockhövel auf einer Höhe von 310 m ü. NHN und durchquert rund 12,7 Kilometer weiter den Nordosten von Velbert, um schließlich beim Stadtteil Nierenhof in den Deilbach zu münden, der wiederum wenig später in die Ruhr fließt.

Heute ein ruhig dahin strömendes Gewässer, das einlädt, an seinen Ufern die Beine und die Seele baumeln zu lassen, war der Felderbach im 19. Jahrhundert alles andere als gemächlich. Mit seiner Kraft setzte er die Wasserräder zahlreicher Katen und Schleifkotten in Gang, die in der damaligen Zeit häufig in der Gegend anzutreffen waren.

Sammelbecken für das Grubenwasser

Auch im Quellgebiet des Felderbachs wurde seinerzeit fleißig gearbeitet. Denn hier an den Hängen des Baches fand der erste Steinkohle-Bergbau im südlichen Ruhrgebiet statt. Ab dem 16. Jahrhundert stand die Region ganz im Zeichen der Kohleförderung, die über Stollen vorangetrieben wurde. Die letzten Stollen, die das Grubenwaser der Herzkämper Zechen aufnahmen und in den Felderbach ableiteten, waren zunächst der Kreßsieper und in der Folg der Herzkämper Erbstollen.

So herrlich kann Heimat sein

Der Landstrich mit seinen verstreut liegenden Hofschaften, den weitläufigen Wiesen und Feldern, durchzogen von Baumgruppen und kleinen Waldstücken, erfreut sich als Naherholungsgebiet der benachbarten Städte steigender Beliebtheit. Wandern, Radfahren oder einfach mal das Auto stehen lassen und zu Fuß die *hervorragende Schönheit des Bachtals,* wie es in der Naturschutzsatzung von 1995 heißt, entdecken: Das Felderbachtal ist ein Geschenk der Natur, das es zu schützen und zu bewahren gilt.

Station 13: Zeche Alte Haase
47 Quadratkilometer schlagwetterfrei

Um eines der ehemals größten und ältesten Bergwerke Deutschlands ist es ruhig geworden. Doch wenn man genau hinhört und seiner Phantasie freien Lauf lässt, dann ist aus der Tiefe weit entfernt manchmal das Geräusch der gigantischen Förderanlagen zu vernehmen.

Auch nach ihrer Stilllegung in 1969 beeindruckt die Zeche ‚Alte Haase' in Sprockhövel mit außerordentlichen Ausmaßen. Zuletzt erstreckte sich die Abbaufläche über 47 Quadratkilometer und zeichnete sich zudem durch eine Besonderheit aus: Als eines der wenigen Bergwerke hierzulande war die Grube schlagwetterfrei. Gut für die Kumpel im Schacht, deren Arbeitssicherheit ohne das gefährliche, leicht entzündbare Luft-Methangas-Gemisch beträchtlich zunahm.

Steinkohle in rauen Mengen

Der Ursprung der Zeche datiert auf 1699, wobei feststeht, dass bereits wesentlich früher in der Umgebung Kohle abgebaut wurde. Pinge und verschüttete Förderschächte in den Wäldern um Sprockhövel liefern dafür den Beweis. Schließlich gab es gerade hier im südlichen Ruhrgebiet reichliche Steinkohlevorkommen, die anfangs über Tage, dann im Stollenabbau und später unter Tage gefördert wurden. Auch die ‚Alte Haase', die übrigens tatsächlich nach einem Langohr benannt wurde, arbeitete bis ins 19. Jahrhundert hinein als Stollenzeche. Zunächst allerdings mit bescheidener Ausbeute. Hundert Jahre nach Beginn der Kohlegewinnung waren lediglich fünf Bergleute vor Ort im Einsatz; der Ertrag anno 1790 betrug 890 Tonnen.

Schuften für die Jahresmiete

Dafür mussten die Kumpel unter sehr harten Bedingungen mächtig schuften – zugegeben für ein ganz ordentliches Salär. Ein Hauer brachte damals 100 Reichstaler nach Hause, ein Obersteiger verdiente immerhin 50 bis 85 Reichstaler mehr. Im Vergleich dazu musste sich der sprichwörtlich arme Schulmeister mit einem Jahreseinkommen von 30 bis 50 Talern begnügen.

Was konnte man damals für einen Reichstaler kaufen? Auch darüber gibt die Chronik Auskunft. Um 1780 kostete ein Arbeitspferd für die Landwirtschaft ca. 25 Reichstaler; für zwei möblierte Zimmer einschließlich Kost mussten im Jahr bis zu 120 Taler auf den Tisch des Vermieters gelegt werden. Wer Hunger hatte, konnte sich für einen Taler mit sechs kg Fleisch oder zwölf kg Brot eindecken, aber auch das Geld wahlweise für zwei Pfund Tabak oder ein halbes Pfund Tee ausgeben.

Nach einem Wassereinbruch am 17. Juni 1837 musste die Grube schließen und zwei Jahre späte Insolvenz anmelden. Sämtliches Inventar einschließlich der Werkzeuge kam unter den Hammer. 1858 wagten die Betreiber mit dem Bau des Edeltraud-Erbstollen einen Neuanfang. Parallel dazu wurde mit dem sogenannten streichenden Pfeilerbau eine innovative Fördermethode eingeführt. Durch einen besonderen Vortrieb gelang es, ganze Kohlebereiche gezielt zu Bruch gehen zu lassen.

Ein Turm als Zeichen der Stärke

Doch trotz cleverer Abraumverfahren neigte sich der Kohlevorrat in den Stollen seinem Ende zu. Mit der Anschaffung einer dampfgetriebenen Kolbenpumpe konnten die Sprockhöveler 1875 schließlich unter Tage in den Tiefbau gehen. 1883 wurde der Hauptförderschacht Julie, der 1897 den letzten Malakow-Turm Deutschlands erhielt, 85 m tief geteuft. Bei dem Bauwerk handelt es sich um einen im 19. Jahrhundert gebräuchlichen Förderturm aus massivem, bis zu drei Meter starkem Ziegelmauerwerk in typisch rechteckiger Bauform, der noch heute ein Wahrzeichen der Stadt darstellt. Sein Name geht auf das russische Fort Malakow bei Sewastopol zurück, das im Krimkrieg hart umkämpft, belagert und schließlich von den Franzosen eingenommen wurde.

In Erinnerung an die Eroberung der Festungsanlage, die sich um den steinernen *Malachow-Turm* im Zentrum gruppierte, wurde dem siegreichen Kommandeur bei seiner Rückkehr nach Frankreich der Titel „Herzog von Malakow“ verliehen. Dank der ausführlichen Kriegsberichterstattung zu der Zeit setzte sich der Name Malakow als Symbol für Starke und Belastbarkeit in der Öffentlichkeit fest. Was lag also näher, als den imposanten Schachttürmen im Revier ebenfalls diesen passenden Namen zu geben.

Kumpel unter Dampf

Mit Einführung der Dampfmaschinen wurde auch die Konjunktur kräftig angeheizt. 1889 förderten 112 Bergleute 27.894 Tonnen Steinkohle zu Tage; 1904 übertrafen 414 Kumpel mit einer unglaublichen Förderleistung die 100.000-Tonnen-Grenze. Die Hochphase hielt bis in die zwanziger Jahre an, bis zunehmende Absatzschwierigkeiten zur Schließung der Zeche in 1925 führten. Die betroffenen Bergarbeiter nahmen daraufhin die Sache selbst in die Hand und betrieben die Zeche in Eigenregie weiter. 1926 ging das Bergwerk in den Besitz des Kohlekraftwerks Hattingen über, 1937 wurde bereits mit 382.600 Tonnen Steinkohle ein neuer Höchststand bei der Förderung erreicht.

Trotz der positiven Umstände konnte die ‚Alte Haase' in den sechziger Jahren der wachsenden Billigpreis-Konkurrenz nicht mehr viel entgegensetzen. Die schwindenden Kohlevorkommen, verbunden mit aufwendigen Förderverfahren und teuren Transportwegen, taten ein Übriges. Am 30. April 1969 war endgültig Schichtende im Schacht.

Geblieben ist ein monumentales Industriedenkmal, das an eine große, unvergessliche Vergangenheit der Region erinnert

Station 14: Burg Volmarstein
Aufwartung bei Erzbischof Friedrich

Nicht nur der Rhein hat seine schönen Burgen. Auch die Ruhr kam einst recht wehrhaft daher. Gut beschützt von den steinernen Wächtern, die sich auf den Höhen entlang des Flussufers als Bollwerke von Adel und Kirche niedergelassen hatten.

Eine der trutzigen Festen war die Burg Volmarstein. Heute eine malerische Ruine im gleichnamigen Stadtteil von Wetter, früher jahrzehntelang die Verwaltungszentrale für das ansässige Herrscherhaus am Ort. Mein Weg des Catwalks durchs Revier führte nun genau dorthin. An einen geschichtsträchtigen Platz, dessen Ursprung im Mittelalter liegt. Also ging es nicht nur hoch hinaus, sondern auch zurück auf eine Zeitreise in ein düsteres Kapitel voller Schlachtengetümmel und Machtkämpfe.

Köln mischte sich ein

Punktgenau anno 1100 im Dörfchen *Volmudestede* angekommen, bot sich ein geschäftiges Bild. Auf dem Bergrücken oberhalb der Ruhrschleife herrschte reges Treiben. Klar: Denn hier befand sich zurzeit eine der größten Baustellen im Umkreis. Unter den vielen fleißigen Handwerkern ließ sich häufig auch Graf Friedrich I. von Schwarzenburg blicken. Der damalige Erzbischof von Köln und Bauherr des Projekts wollte sich natürlich persönlich ein Bild davon machen, wie es mit der geplanten Höhenburg voran ging. Und das aus gutem Grund.

Die Burg Volmarstein sollte zum einen die Erzbischöfliche Schutzgeleitstraße von Köln nach Soest bewachen und sichern. Zum anderen aber auch die ureigenen kurkölnischen Machtansprüche in Westfalen untermauern. Da schien es schon ein kluger Schachzug zu sein, das Anwesen als Lehen an die Edelherren von Volmestein zu übertragen. Denn als treue Minister des Kölner Erzbischofs galten sie als absolut vertrauenswürdig. Im intriganten Mittelalter keine Selbstverständlichkeit.

Die Märkischen rückten auf den Plan

So verwundert es nicht, dass der Burgfrieden nicht allzu lange hielt. Auslöser waren die sechs Jahre andauernden Zwistigkeiten über eine Erbfolge unter verschiedenen Adelshäusern. In der Schlacht von Worringen im Jahres 1288 kam es zum kriegerischen Finale zwischen den Hauptkontrahenten Siegfried von Westerburg, Erzbischof von Köln, und Herzog Johann I. von Brabant, der das Feld als Sieger verließ. Dessen Verbündeter, Graf Eberhard I. von der Mark, nutzte die Gelegenheit, eroberte nach einer intensiven Belagerung mit seinen Mannen die Burg Volmarstein und ließ die stolze Feste teilweise zerstören. Es liegt auf der Hand, dass mit dem Schleifen der Anlage vor allem der Einfluss des Kölner Erzbischofs zurückgedrängt werden sollte.

Auch wenn sich die beiden Gegner zwei Jahre später wieder versöhnten, schwelte der Konflikt im Untergrund weiter. Trotz vieler Privilegien, die der Kölner dem Märkischen zugestand. Die Burg wurde wieder hergestellt, Eberhard erhielt das volle Befestigungsrecht und die Anerkennung als Reichsfürst. Hinzu kamen etliche Landgewinne im Westfälischen Aber: Die Burg Volmarstein wechselte den Besitzer und kehrte zurück in das Eigentum von Kurköln.

Zeit für einen Zeitsprung

Das Hin und Her ging in den Folgejahren munter weiter. Müßig, deshalb länger in der Vergangenheit zu verweilen. Bevor ich mich bereit zum Aufbruch mache, ist noch ein Blick auf den Anfang vom Ende gestattet.

Man schrieb das Jahr 1754, als ein gigantischer Brand das Dorf Volmarstein und die Burg dem Erdboden gleich machte. Von der einstigen Wehranlage blieben nur noch Trümmer übrig, die von den Anwohnern zum Wiederaufbau ihrer Häuser verwendet wurden. 1819 übernahm Graf Philipp von der Recke-Volmarstein als neuer Besitzer die Ruine und ließ aufwendige Sanierungsarbeiten zur Sicherung des zerfallenen Gemäuers durchführen. So entstand unter anderem eine Mauerstütze an dem zerspaltenen Turm, dem weithin sichtbaren Wahrzeichen des heutigen Schlossbergs. Am 24. Juni 1830 traf es den Torso noch einmal, als die Hälfte des Ostturms einem gewaltigen Orkan zum Opfer fiel.

Heute zählt die Ruine zu einer der viel besuchten Sehenswürdigkeiten im Umkreis, die dem Betrachter einen einmaligen Ausblick auf die Ruhr, die Stadt Wetter, den Harkortsee und das Ardeygebirge bietet.

Station 15: Viadukt Wengern
Höchste Eisenbahn fürs Rad

Lang, lang ist's her. Mit der letzten Fahrt der Elbschetal-Bahn anno 1979 fiel auch der Viadukt in Wengern in einen Dornröschenschlaf. Jetzt ist er wieder zu neuem Leben erwacht. Aber anders, als vielleicht gedacht. Denn wo früher 23 Personenzüge täglich verkehrten, sind heute hunderte Menschen mit dem Rad unterwegs. Grund genug, sich das Ganze mal aus der Nähe anzusehen.

Das 3,8 km lange Teilstück des Radwegs auf der Elbschebahntrasse zwischen Bommern und Albringhausen gehört zur Freizeitroute „Von Ruhr zu Ruhr“, die von Hattingen über Sprockhövel bis Schee hinauf und von dort über Silschede und Albringhausen wieder hinunter zur Ruhr nach Witten führt.

50 Millionen auf der Strecke geblieben

Die Arbeiten an der Strecke Witten - Schwelm, deren Verlauf durch einige imposante Brücken und Tunnel gekennzeichnet ist, begannen 1911 und summierten sich letztendlich auf 50 Millionen Reichsmark. Zwei Jahre später wurde auch der Viadukt in Wengern im Auftrag der Königlichen Eisenbahndirektion Elberfeld unter der Leitung von Fritz Keim fertiggestellt. Damit bekam die kleine Gemeinde Wengern, heute ein Stadtteil von Wetter, ein Erkennungszeichen besonderer Klasse. Die Eisenbahnbrücke ist beachtliche 20 Meter hoch, besteht aus heimischem Ruhrsandstein und spannt sich mit ihren fünf Bögen über 130 Meter weit über das Elbschetal. Seit 1990 steht das Monument unter Denkmalschutz.

Kompromiss zwischen Historie und Moderne

Nun herrscht wieder rege Betriebsamkeit auf der ehemaligen Bahnstrecke. Zuvor musste gemäß den Auflagen der Behörde bei der Wiederherstellung jedoch ein machbarer Kompromiss zwischen Historie und modernem Anspruch gefunden werden. Unter anderem galt es, das ursprüngliche Geländer zu erhalten beziehungsweise in passender Optik zu ergänzen und das Gesims der beiden Austrittskanzeln verkehrssicher aufzurüsten.

Darüber hinaus bekam der 6,15 Meter breite Fahrrad-Weg eine wasserdichte Asphaltschicht, um das Mauerwerk des Viadukts vor einsickernder Nässe zu schützen. Nach Abschluss aller Sanierungsarbeiten lockt der Viadukt immer mehr Freizeitradler zu einem Abstecher ins pittoreske Wengern.

Hier bleibt die Kirche im Dorf

Könnte der Hahn auf der Kirchturmspitze krähen, würde er die Menschen in Wengern zur Andacht in ein Gotteshaus der besonderen Art rufen. Die denkmalgeschützte, evangelische Dorfkirche wurde erstmals in einem Dokument aus dem Jahre 1246 erwähnt – ist aber vermutlich wesentlich älter, als die Urkunde besagt. Experten verorten das Gebäude in die Zeit der Sachsenkriege Karls des Großen um 800, angesiedelt auf einer vormals heidnischen Kultstätte in der Ortschaft *Wyngern* unweit des jetzigen Standorts.

Im Laufe der Jahrhunderte durchlief die Wengerner Kirche baugeschichtlich zahlreiche Perioden, die architektonisch ihre Spuren hinterlassen haben. So wurde der romanisch geprägte Bau 1264 im Stil der Gotik erweitert. Ein Taufstein sowie ein geschnitzter Altar und eine Kanzel verweisen auf den Barock. Aus dieser Zeit datiert auch der Einbau einer Turmuhr. Ebenso erhielt der Kirchturm damals seine mit Schiefer gedeckte Spitze.

Nach aufwendigen Instandsetzungen anno 1891 rückten in den Jahren 1936 und 37 erneut die Handwerker an, um weitere Arbeiten durchzuführen. Bei dieser Gelegenheit wurden in der Außenmauer mehrere Nischen mit Resten eingemauerter Totenschädel entdeckt – wohl ein für die westfälische Region ungewöhnliches Memento Mori.

Heute ist die geschichtsträchtige Dorfkirche mit ihren vier Glocken eine vielbesuchte Sehenswürdigkeit im alten Ortskern der Gemeinde, die einiges über die Zeitläufte zu erzählen weiß.

Appetit auf Fachwerk und mehr

Doch Wengern hat noch einiges mehr zu bieten als interessante Kirchenkultur. Etwa Fachwerk-Idylle pur mit dem Leimkasten aus der Mitte des 16. Jahrhunderts, Schlucks Hof, dem Geburtshaus des lokalen Reformators Hildebrand Schluck und natürlich dem Mühlchen, einem zweigeschossigen Häuschen aus der Biedermeierzeit. Heute das Domizil des Henriette-Davidis-Museums, der berühmten Kochbuchautorin, die 1801 in Wengern geboren wurde. Die Ausstellung umfasst rund 700 Davidis-Bücher, dazu eine Original-Küche mit Haushaltsgegenständen und Utensilien aus der Epoche.

Nach so viel Architektur bildet ein Abstecher zum Schlebuscher Erbstollen ein abwechslungsreiches Kontrastprogramm. Der Schacht aus dem 18. Jahrhundert diente der Entwässerung der angeschlossenen Zechen und ist mit einer Länge von 13 km der längste Erbstollen im Steinkohle-Bergbau des Ruhrgebiets.

Station 16: Wasserwerk Volmarstein
Qualität aus langer Leitung

Im Laufe meiner Reise habe ich bereits viel Wasser die Ruhr hinunter fließen sehen. Diesmal schaute ich noch näher hin und besuchte den Ort, an dem das Wasser für die Menschen trinkbar gemacht wird.

Mit der Inbetriebnahme des Barmer Wasserwerks anno 1883 in Volmarstein fing in der damaligen Trinkwasserversorgung am Standort eine neue Zeitrechnung an. Alle Kommunen im Umkreis begannen damals, eine leitungsgebundene Wasserversorgung einzurichten. So verfügte auch die Stadt Barmen über einen Anschluss an das öffentliche Leitungsnetz. Beileibe keine Selbstverständlichkeit, denn bislang holten sich die privaten Haushalte ihr Wasser mit Pumpen in Keller, Garten und Küchen aus Brunnen in der Nähe. Zum einen eine mühsame Arbeit, zum anderen unter hygienischen Gesichtspunkten im Ergebnis durchaus verbesserungswürdig. Denn das Trinkwasser kam ungefiltert aus dem Boden und enthielt häufig Unreinheiten wie Schmutz und Partikel, aber möglicherweise auch gefährliche Keime.

Dank der leitungsgebundenen Versorgung wurde jetzt ein wesentlich besserer Qualitätsstandard erreicht. Sauberes Wasser: Ein wertvolles Gut und wichtige Voraussetzung für Gesundheit und Wohlergehen. 1910 kam Wetter neu ins Versorgungsnetz hinzu.

Eine saubere Leistung

Die Wasserwerker im ausgehenden 19. Jahrhundert waren technisch bereits auf der Höhe des Fortschritts und besaßen die Kompetenz für eine gründliche Aufbereitung. So wurde das Grundwasser aus dem Ruhrtal, angereichert mit der entsprechenden Menge Flusswasser, durch Langsam-Sandfilter in einem ersten Schritt sorgfältig gereinigt und weiter optimiert, bis es in der geforderten Güte an die Haushalte nach Barmen weitergeleitet werden konnte.

Zu diesem Zweck hatten die Betreiber des heutigen Gemeinschaftschafts-Wasserwerks Volmarstein eine Transportleitung installiert, die über Wetter-Grundschöttel, die Gevelsberger Stadtteile

Silschede und Asbeck sowie über Schwelm-Linderhausen an den Bestimmungsort Barmen führte. Dabei hatten die Leitungsbauer ganze Arbeit geleistet. Denn noch heute ist die Leitung in Betrieb. 1982 hat die AVU Aktiengesellschaft für Versorgungsunternehmen das Wasserwerk Volmarstein vollständig übernommen und anschließend die Transportleitung saniert.

Übrigens: Die Wasserversorgung begann für die Vorläufer-Unternehmen der heutigen AVU erst nach dem Bau der Ennepetalsperre und des dortigen Wasserwerks im Jahre 1905. Mithin also später als das Wasserwerk Volmarstein.

Über Berg und Tal

Was das Verlegen der Leitung erschwerte, war die hügelige Streckenführung. Zunächst wurde das Wasser über zweieinhalb Kilometer weit in den Wasserturm Loh in Volmarstein gepumpt, wobei ein beträchtlicher Höhenunterschied von 170 Metern überwunden werden musste. Von dort aus erreichte das Wasser den Alten Wasserturm in Barmen. Bis in die fünfziger Jahre sorgten von Dampfmaschinen angetriebene Pumpen unterwegs für einen regulierten Durchfluss des Leitungswassers.

Nun stellt sich die Frage, weshalb für die Trinkwasserversorgung von Haushalten im Bergischen ausgerechnet ein Betrieb im über 15 km entfernten Volmarstein errichtet werden musste .Wer sich mit den Gegebenheiten im damaligen Elberfeld und Barmen auskennt, kennt die Antwort. Die Wupper war durch die dortige Chemie-Industrie und Textilproduktion dermaßen belastet, dass sie zu Recht den Beinamen ‚die Schwarze' trug. Als Reservoir für Trinkwasser also keinesfalls geeignet.

Auf schwankendem Weg

Soweit zur Historie. Bei meinem Streifzug über das Areal habe ich jedoch noch etwas Interessantes entdeckt. Eine Seilhängebrücke aus Stahl, die das Südufer mit einer nah gelegenen Ruhrinsel verbindet.1893 im Auftrag des Wasserwerks gebaut, war sie ein praktischer Zuweg zu den Brunnen auf der Insel, aber auch ein Arbeitsweg für die Wasserwerker aus Alt-Wetter.

Die wohl älteste Seilhängebrücke ihrer Art in Deutschland steht beispielhaft für die innovative Ingenieurleistung der damaligen Zeit. Zu den Hauptelementen der eisernen Fußgängerbrücke, die 1985 unter Denkmalschutz gestellt wurde, gehören Drahtseile und gemauerte Widerlager, während die Dielen aus Holz bestehen. Da statische Untersuchungen ergeben haben, dass die Standsicherheit nicht mehr gewährleistet werden kann, ist das Betreten der historischen Seilhängebrücke Wetter verboten. Selbst ich leichtgewichtiger Winzling habe mich nicht getraut, über das schwankende Objekt zu balancieren.

Millionen Liter in Reserve

Wie geht es nun weiter mit dem Wasserwerk in Volmarstein? Heute dient die Anlage als Reservebetrieb, um Spitzenlasten, aber auch die Folgen lang anhaltender Trockenperioden wie in 2018/19 auszugleichen. Im Normalbetrieb bezieht der Versorger aus Gevelsberg sein Wasser weitgehend aus der Ennepetalsperre über das Wasserwerk Rohland.

Zum Versorgungsnetz zählen auch neun Wasserbehälter mit fast 30 Millionen Liter Fassungsvermögen, in denen das Trinkwasser auf Vorrat gespeichert wird.

Station 17: Der Harkort-Turm
Erinnerung in Stein gemeißelt

Ein imposanter Solitär in der Landschaft. So erinnert der 30 Meter hohe Aussichtsturm seit 1884 an Friedrich Harkort, den großen Sohn der Stadt Wetter. 130 Stufen führen empor zu einer Plattform, die einen grandiosen Fernblick über den Harkortsee bis weit ins Sauerland eröffnet. Ich habe Stufe für Stufe bei meinem anstrengenden Aufstieg gezählt. Daher wusste ich genau, was ich geleistet hatte, als ich oben angekommen war.

Das Bauwerk, im typischen Stil des Historismus mit Burgzinnen und gotischen Spitzbögen erbaut, entstand auf Initiative privater Spender. Nach einem Wettbewerb, den die Düsseldorfer Architekten Otto van Els und Bruno Schmitz 1882 erfolgreich für sich entscheiden konnten, stiegen die ursprünglich veranschlagten Kosten auf horrende 20.000 Mark – 5.000 Mark mehr, als eigentlich kalkuliert. Explodierende Baukosten waren auch schon im 19. Jahrhundert ein Thema. An dem Mehraufwand droht das Projekt anfänglich zu scheitern, bis sich weitere Sponsoren fanden, die das Defizit deckten. So konnten die Bauarbeiten beginnen und zwei Jahre später abgeschlossen werden. Am 19. Oktober 1884 fand die Einweihung des Denkmals unter Beteiligung der gesamten Wetteraner Prominenz in einem feierlichen Festakt statt.

Ein Pionier der Technik

Die Stadt Wetter und Friedrich Harkort. Zwei, die untrennbar bis heute miteinander verbunden sind. Aber wer war dieser Mann, der so zahlreichen Örtlichkeiten in der Kommune seinen Namen gab?

Friedrich Harkort, am 22. Februar 1793 auf dem väterlichen Gut in Harkorten zwischen Hagen und Gevelsberg geboren, war ein klassischer Vertreter des damaligen gehobenen Bürgertums. Nach kaufmännischer Lehre, Heirat, Militärdienst und aktiver Kriegsteilnahme gründete er im Sterbejahr seines Vaters 1818 auf dem Gelände der Burg Wetter an der Ruhr die *Mechanische Werkstätte Harkort & Co.* Mit diesem mutigen Schritt in die Selbständigkeit stieg der innovative Jungunternehmer in den harten Konkurrenzkampf mit den Engländern ein, die damals den industriellen Maschinenmarkt dominierten.

Doch Friedrich Harkort hatte keine Angst vor großen Wettbewerbern. Denn die Dampfmaschinen und mechanischen Webstühle aus eigener Produktion konnten durchaus mit den britischen Erzeugnissen in Qualität und Leistung mithalten. Mehr noch. Mit Hilfe der Harkortschen Pumpen, Dampfmaschinen und Eisenbahnschienen wurde die Kohleförderung im Tiefbau überhaupt erst ermöglicht. 1826 kamen ein Walz- und Puddelwerk zur bestehenden Fabrikation hinzu. Das Puddeln war damals im 19. Jahrhundert ein weit verbreitetes Verfahren, um das im Hochofen hergestellte Roheisen in Schmiedeeisen und später auch in härtbaren Schmiedestahl umzuwandeln. Das Puddeln gilt als eine der Schlüsseltechnologien der industriellen Revolution dieser Tage.

Zwischen Top und Flop

Bedauerlicherweise hielt das kaufmännische Talent Friedrich Harkorts nicht mit seiner technischen Kompetenz Schritt. So kam es zwangsläufig zu wirtschaftlichen Turbulenzen. Als seine Firma 1834 in die roten Zahlen geriet, verließ er kurzerhand den Betrieb und widmete sich fortan dem Bau von Eisenbahnen und Dampfschiffen. Durchaus mit Erfolg.

Unter anderem gab Friedrich Harkort den Anstoß zum Bau von Pferdebahnen, die das Bergische Land mit den Zechen des Ruhrgebiets vernetzen sollten. Eine der ersten Anlagen errichtete er 1829 mit der *Harkortschen Pferdebahn* selber in Eigenregie. Im Wortsinn als bahnbrechend erwies sich dann allerdings das Planungskonzept für eine Fernverbindung zwischen Köln und Minden bis nach Berlin, nach dem 1844 die Bergisch-Märkische Eisenbahn entstand. Harkort war es auch, der die ersten Dampfschiffe auf Weser und Rhein für die Frachtschifffahrt einsetzte. Doch abermals verließ den Pionier des Fortschritts kurz darauf die Fortune in geschäftlichen Dingen. Er musste Bankrott anmelden; 1847 wurde sogar sein Besitz in Hombruch gepfändet.

Auf zu neuen Horizonten

Ein umtriebiger Mann wie Friedrich Harkort blieb jedoch nicht lange am Boden liegen. Er stand auf - entschlossen, etwas Neues zu unternehmen. Immer schon sozial engagiert, beschloss er, in die Politik zu gehen. Über mehrere Stationen im Kreistag, im Westfälischen Provinziallandtag, dem

Norddeutschen Reichstag und der konstituierenden preußischen Nationalversammlung wurde Friedrich Harkort von 1871 bis 1874 auch Mitglied im Deutschen Reichstag in Berlin.

Dort setzte er sich als fortschrittlich-liberaler Abgeordneter für die Verkehrs- und Wirtschaftspolitik sowie für Bildung und soziale Fragen ein. Einige seiner für die damalige Zeit richtungsweisenden Forderungen wurden schon zu seinen Lebzeiten verwirklicht. Etwa die Unterstützungskassen für Arbeiter und Handwerker. Für seine Verdienste erhielt Friedrich Harkort 1861 den Roten Adlerorden 3. Klasse.

Nicht nur der nach ihm benannte Turm erinnert an den namhaften deutschen Unternehmer und Politiker. Denn bis jetzt ist das Gedenken an einen großen Mann in seiner Stadt und bei den Menschen dort lebendig geblieben.

Station 18: Freiheit Wetter
Besser leben im Schutze der Burg

Als anno 1274 an den Hängen des Ardeygebirges die märkische Burg Wetter errichtet wurde, zog es viele Menschen in ihre Nähe, um dort zu wohnen und zu arbeiten. Aus gutem Grund. Denn wie damals in Westfalen und dem Bergischen Land üblich, wurden den Siedlungen rund um eine Feste die Rechte einer Freiheit verliehen. So auch in Wetter, das dieses Privileg seit 1355 besaß.

Vor allem Handwerker und andere Gewerbetreibende nutzten die damit verbundenen wirtschaftlichen Vorteile wie etwa den Schutz der Burg, der einen störungsfreien Handel erlaubte. Gleichzeitig wurden Frondienste und Leibeigenschaften aufgehoben, Zollfreiheit gewährt und der Marktfrieden garantiert. Zudem bekamen die Anwohner das Recht, Vögte und Geistliche selbst zu wählen. Alle Erbschaftsabgaben wurden abgeschafft, der städtische Boden war frei vererbbar. Hier in der Freiheit besaß man die oft entbehrte Freizügigkeit, hier waren alle Bewohner dem Recht nach gleich. Kein Wunder also, dass Quartiere wie die Freiheit Wetter außerordentlich attraktiv für die damaligen Hörigen und Leibeigenen waren.

Trotzdem: So ganz und gar friedlich und ungebunden war das Leben in der mittelalterlichen Freiheit nun doch nicht. Denn Bürger wie Burgherren waren gleichermaßen gehalten, der Dienstpflicht zur ständigen Verteidigung ihrer Heimstatt nachzukommen. Wie auch immer: Für die meisten Menschen gab das Privileg der Freiheit den Ausschlag, den Wohnsitz im Schatten der Burg zu wählen.

In zweifacher Hinsicht sehenswert

Wie ich mehr als 660 Jahr später beim Schlendern durch das sehenswerte Ensemble aus engen Gässchen, malerischen Häusern und verwunschenen Winkeln feststellte, hat die historische Freiheit in Wetter nichts von ihrem Reiz verloren. Denn in jeder Hinsicht ist das liebevoll restaurierte Fachwerkidyll in Nachbarschaft der mauerbewehrten Burgruine ein lohnendes touristisches Ziel.

Als Zeugnis mittelalterlicher Stadtkultur und Keimzelle der westfälischen Industriegeschichte, angestoßen durch die Initiative des ansässigen Unternehmers Friedrich Harkort, bietet die Freiheit gleich in doppelter Hinsicht interessantes Anschauungsmaterial. Zu den Sehenswürdigkeiten im Viertel zählt unter anderem die Häusergruppe ‚Am alten Bock', wo sich seinerzeit zahlreiche Werkstätten von Messerschmieden befanden. Ebenso waren im ‚Fünf-Giebel-Eck', das aus mehreren aneinandergebauten Gebäuden besteht, nach ursprünglich landwirtschaftlicher Nutzung ab 1655 ebenfalls Schmieden untergebracht. Aus der Schmiede Freiheit Nummer 11 wurde später das Armenhäuschen der Evangelisch-Lutherischen Dorfgemeinde.

Steinerne Dokumente mit Vergangenheit

Weiter führt der Rundgang am Burgmannenhof der Familie von Boele vorbei. Das Haus, auch Waterporte genannt, ist seit 1377 urkundlich bekannt. In der Burgstraße 11 in der Freiheit steht das Küsterhaus, ein Teil des ehemals vom Brockeschen Lehens. Die früher gebräuchliche Namensgebung ‚Küchenhof" lässt sich vermutlich auf Jürgen Boenen zurückführen, der 1538 bis 1563 in diesem Haus wohnte und das Amt des märkischen Küchenmeisters innehatte.

Aus wesentlich jüngerer Zeit stammt dagegen der Neubau der Reformierten Kirche, die 1894 auf den Grundmauern der alten Burgkapelle errichtet wurde. Das grün umrankte Pfarrhaus kam 1925 dazu.

Zwischen dem historischen Siedlungskern der Freiheit und dem Dorf Wetter gelegen, zieht das denkmalgeschützte Rathaus aus dem Jahr 1909 unweigerlich die Blick der Besucher auf sich. Denn das Gebäude im deutschen Renaissancestil gilt mit seinem 43 Meter hohen Turm, dem steilen schiefergedeckten Dach und dem prachtvollen Portal, zu dem eine neunstufige Freitreppe hinaufführt, als Musterbeispiel wilhelminischer Architektur

Befreit vom Staub der Zeit

Ich machte auf meinem Streifzug allerdings noch eine weitere Entdeckung: Die Freiheit in Wetter ist durchaus kein verstaubtes Dörfchen, in dem die Zeit still zu stehen scheint. 1957 wurde hier vor Ort eine der umfangreichsten großflächigen Sanierungsarbeiten in

Deutschland begonnen. Eine ehrgeizige Aufgabe, die erfolgreich mit einem bemerkenswerten Ergebnis gelöst wurde. Denn die Begegnung zwischen Gestern und Heute ist vollauf gelungen. Das harmonische Miteinander von neuer und mittelalterlicher Bausubstanz überzeugt in sämtlichen Punkten, was die Popularität von Alt-Wetter als attraktives Wohnquartier ungemein steigert.

Freiheit in Wetter. Ein lebens- und liebenswertes Fleckchen Erde, zu dem man immer wieder gerne zurückkommt.

Station 19: Ruhr-Viadukt Herdecke
Ein Meisterstück der Ingenieurkunst

Auch wenn der Blick von oben 30 Meter tief hinunter aufs Wasser fällt: Über diese Brücke kann man fahren, ohne Höhenangst zu bekommen. Denn das mächtige Bauwerk aus dem 19. Jahrhundert gilt noch heute als herausragendes Beispiel, das Maßstäbe setzt für das technische Know-how und Können innovativer Konstrukteure. Voll Zuversicht und Vertrauen in die damalige Ingenieurkunst setzte ich behutsam eine Pfote vor die andere, um den eindrucksvollen Ruhr-Viadukt Stück für Stück abzuschreiten.

Mit 313 Metern Länge und zwölf Bögen von jeweils 20 Metern Spannweite überbrückt er das Tal; allein 24.400 Kubikmeter Bruchstein wurden für das Mauerwerk damals zwischen 1877 und 1878 verbaut. Am 15. Mai 1879 gab die Rheinische Eisenbahn die Trasse für den Verkehr frei. Damit war eine der kostspieligsten, aufwendigsten Streckenführungen von Düsseldorf über Hagen nach Dortmund fertiggestellt. Und gleichzeitig eine letzte große Investition abgeschlossen, bevor die Gesellschaft verstaatlicht und von der Preußischen Staatsbahn übernommen wurde.

Ein Opfer der Bomben

Jahrzehntelang leistete die Eisenbahnbrücke unerschütterlich und standhaft ihre Dienste als Weg für die vielen täglichen Züge von A nach B und wieder zurück. Bis zum 17. Mai 1943, einem tragischen Schicksalstag für die Region. Als britische Bomber die Möhnetal-Sperrmauer zerstörten, ergoss sich eine Flutwelle ins Tal der Ruhr, deren Wucht einen Pfeiler des Viadukts unterspülte und zwei Brückenbögen in die Tiefe riss. Die schnelle Instandsetzung des Bauwerks sollte nicht von Dauer sein. Denn zum Ende des Krieges wurde die Brücke nochmals stark beschädigt, als die Wehrmacht versuchte, die Ruhrquerung zu sprengen in der naiven Vorstellung, damit das Vorrücken der Alliierten verhindern zu können.

Erneut restauriert und in den alten Zustand zurückversetzt, ist heute nichts mehr von den Kriegseinwirkungen zu sehen. Allerdings fahren nun nicht mehr allzu viele Züge über die außergewöhnliche Trasse. Die Strecke wird lediglich von der Volmetal-Bahn von Dortmund über

Hagen bis Lüdenscheid genutzt. Für Reisende aber bleibt nach wie vor das grandiose Erlebnis, einen Blick von 30 Metern hinab auf die Ruhr zu werfen.

Eisenbahngeschichte im Zeitraffer

Für Eisenbahn-Fans und alle, die es werden wollen, an dieser Stelle noch ein kurzer Rückblick auf die Historie der großen Rheinischen Eisenbahn-Gesellschaft, die vor rund 170 Jahren das Rheinland und das Ruhrgebiet verkehrsmäßig über die Schiene in Verbindung gebracht hat.

1836 gegründet, waren die Aktivitäten des neuen Unternehmens stets von Querelen weiterer regionaler Konkurrenten begleitet. Sei es das Aachener Eisenbahnkomitee, sei es die Preußisch-Rheinische, sei es die Köln-Mindener oder die Bergisch-Märkische Eisenbahngesellschaft. Jede Wettbewerber vertrat damals die Interessen der lokalen Wirtschaft an ihrem jeweiligen Standort.

Ein Riecher für gute Geschäfte

Um den Anschluss zu den Steinkohlerevieren im Ruhrgebiet aufzubauen, musste zunächst die Möglichkeit zur Rheinüberquerung geschaffen werden. Dies gelang dem bislang nur linksrheinisch tätigen Unternehmen anno 1866, als die Strecke von Osterrath bis nach Essen-Nord eröffnet wurde. Acht Jahre später kam die Erweiterung von Bochum bis nach Dortmund hinzu. Das damalige Trajekt Rheinhausen-Hochfeld wurde durch die feste Duisburg-Hochfelder Eisenbahnbrücke ersetzt.

Eine Entscheidung von Weitsicht. Denn jetzt konnte die Bahn am nunmehr freigewordenen rechtsrheinischen Ufer das Gelände für eine firmeneigene Hafenanlage verwenden und einen Umschlagplatz für die Kohlentransporte einrichten, die per Schiff aus den Steinkohlezechen verfrachtet wurden. Auf diese Weise war die Rheinische in der Lage, der bergisch-märkischen Konkurrenz ein äußerst profitables Geschäft abzunehmen. Nicht zuletzt auch dank des Einpfennig-Tarifs für den Kohletransport, der die Preise der anderen Wettbewerber deutlich unterbot. Die Kostenersparnis machte sich allerdings auch auf andere Art bemerkbar, als hierzulande und im benachbarten Ausland aufgrund der Politik der knappen Kalkulation die Preise für das Heizmaterial um bis zu 15% sanken.

Von Staats wegen zu Ende

Mit dem Gesetz zur Verstaatlichung der Rheinischen Eisenbahn-Gesellschaft leitete Otto von Bismarck 1880 das Ende des erfolgreichen Unternehmens ein. Am Tag seiner Auflösung am 1. Januar 1886 besaß der Konzern über 507 Lokomotiven, 862 Personenwagen und 13.572 Güterwaggons. Das Streckennetz umfasste 1.356 Kilometer. Der über Staatsanleihen finanzierte Kaufpreis, der bei der Übernahme gezahlt werden musste, betrug 591.129.900 Reichsmark. Nicht nur für damalige Verhältnisse eine Menge Geld.

Station 20: Wasserschloss Werdringen
Zurück in die Steinzeit

Heute führte mich mein Weg in eine Geschichtslandschaft, die seit über 200 Jahren zu den wichtigsten Fundgebieten für Fossilien und archäologische Relikte zählt. Im Mittelpunkt unterhalb des Kaisberges umgeben von alten Bäumen liegt das stattliche Wasserschloss Werdringen, dessen Ursprünge ins 13. Jahrhundert zurückreichen. Sogar hier in den Wassergräben der Anlage tummeln sich seltene Amphibien und Insekten, darunter die größten Libellen, die in Mitteleuropa vorkommen. Selbstverständlich packte mich mein Ehrgeiz, einen dieser schwirrenden Propeller mit einem beherzten Sprung aus der Luft zu holen. Auch wenn ich diesmal kein Jagdglück hatte – viel hat nicht gefehlt. Doch es gibt Wichtigeres zu berichten. Und zwar geradewegs aus der Steinzeit.

Unweit von Werdringen liegt der ehemalige Steinbruch Hagen-Vorhalle. Ein El Dorado für Forscher und Geologen. Denn an dieser Stelle wurden die weltweit ältesten Fluginsekten entdeckt, die zurzeit bekannt sind. Die Tiere lebten vor rund 316 Millionen Jahre im Karbon.

Das Höhlen-Mädchen, das ein Junge war.

Doch damit nicht genug. Mitglieder des Arbeitskreises Kluterthöhle in Ennepetal stießen 2004 auch auf Überreste von Steinzeitmenschen in einer kalkreichen Felsenhöhle im Lennetal bei Hagen-Holthausen. Aufmerksam geworden waren die Höhlenforscher bei ihren Exkursionen seinerzeit auf eine mit Laub angefüllte Öffnung, die neugierig machte auf das, was sich dahinter verbarg. Und die Experten wurden fündig. Inzwischen ist vor allem das Mädchen aus der Blätterhöhle, das zusammen mit den Skeletten von weiteren sieben Personen dort geborgen, gesichert und untersucht werden konnte, zu einer kleinen Berühmtheit geworden. Eine prominente Vertreterin aus der Frühgeschichte, die Experten aus verschiedenen Universitäten, Museen und Fachkreisen in der Folgezeit nachhaltig beschäftigen sollte.

5600 Jahre nach ihrem Tod hatte die junge Frau dank der aufwendigen Schädel-Rekonstruktion in der zuständigen Rechtsmedizin in Münster wieder ein Gesicht bekommen. Ein verblüffend modernes Gesicht, das dem *homo sapiens* von heute durchaus ähnlich sieht. Noch mehr verblüffte die beteiligten Wissenschaftler jedoch die Tatsache, dass das Blätterhöhlen-Mädchen in Wirklichkeit ein Junge gewesen sein muss. Wie die genaue Analyse der Knochenfunde ergab.

Eine Kopie des Schädels ist im Museum für Ur- und Frühgeschichte zu besichtigen, das 2004 in den Räumen von Schloss Werdringen eröffnet wurde. Neben vielen anderen Exponaten aus 450 Millionen Jahren, die auf drei Etagen Zeugnis über die Vergangenheit von Ruhrgebiet und Sauerland. ablegen.

Von Mammuts und anderen Schätzen

Mit zu den wohl wichtigsten .Funden gehören drei Langschwerter aus der jüngeren Bronzezeit. Wie es der Zufall wollte, stießen Arbeiter 1876 beim Eisenbahnbau auf die kostbaren Waffen. Nicht weit davon entfernt gab es 1952 noch einmal Grund zum Feiern, als den glücklichen Findern eine Goldmünze des Kaiser Theodosius I. (379 bis 394) in die Hände geriet.

Ein echter Hingucker im Eingangsbereich des Schlosses ist die lebensnahe Nachbildung eines riesigen, 3,70 Meter großen und 6,50 Meter langen Mammuts, der die Besucher auf passende Weise empfängt. Ein weiteres bedeutendes Thema der Ausstellung ist die Dokumentation der geschichtlichen Besiedlung des Gebiets von der Altsteinzeit bis zum Mittelalter.

Ein wechselvolles Schicksal

Vom 13. bis 15. Jahrhundert befand sich das *castrum werdringen* im Besitz der Adelsfamilie Dobbe. Damals bestand der Komplex aus mehreren sogenannten Turmhäusern aus festem Stein. Kriege und Brandschatzungen hinterließen in den folgenden Jahrhunderten tiefe Spuren. Durch Sanierungen erhielten die altehrwürdigen Gebäude vielfach ein neue, dem jeweiligen Baustil angepasste Optik. Etwa während der neugotischen Phase, als die Kapelle und der charakteristische Turm zum Schloss-Ensemble hinzukamen.

Vom ausgehenden 19. Jahrhundert bis in die 1970er Jahre meinte es das Schicksal nicht gut mit Werdringen. Vielfach zweckentfremdet und lieblos behandelt, verfiel die Anlage mehr und mehr. 1977 entschloss sich die Stadt Hagen zur Rettung vor der Abrissbirne und erwarb das Anwesen sozusagen in letzter Minute.

Alte Glorie in neuem Glanze

In enger Zusammenarbeit mit einem engagierten Bürgerverein entstand peu à peu das historische Schmuckstück in neuer Pracht. Heute zählt das Schloss mit dem integrierten Museum zu den Hauptanziehungspunkten in der Region. Bereits kurze Zeit nach der Eröffnung am 7. November 2004 verzeichnete das Haus über 30.000 Besucher.

Besonders angesagt bei Kindern und Jugendlichen sind die museumspädagogischen Aktionen und Programm, die Schloss Werdringen speziell für Schulklassen anbietet. Eine fabelhafte Idee, um den Nachwuchs mit der Geschichte seiner Heimat bekannt zu machen.

Der weite Blick in das Tal der Ruhr mit Burgen und bekannten Baudenkmälern in der Nachbarschaft machen das Wasserschloss Werdringen auch für Naturfreunde, Wanderer und Ausflügler zu einem attraktiven Ziel, wie ich bei meinem Catwalk unterwegs bemerken konnte.

Station 21: Hohenstein
Politik braucht Weitsicht

Das haben sich möglicherweise die Erbauer des Denkmals gedacht, die Louis Berger zu Ehren auf dem Hohenstein zwischen Wetter und Witten einen pompösen Aussichtsturm gesetzt haben. 20 Meter hoch und 1902 im wilhelminischen Architekturstil errichtet, blickt das Monument weit über das mittlere Ruhrtal mit Aussicht auf den Viadukt von Bommern und das lokale Wasserkraftwerk.

Vom Gewehr zum Turnverein

Louis Berger hat diesen herrlichen Platz *post mortem* verdient. Denn der berühmte Sohn seiner Stadt war nicht nur ein renommierter Politiker im Berliner Reichstag, sondern auch ein Industrieller mit Visionen und innovativer Tatkraft. Nach Eintritt in die väterlichen Gussstahlwerke, die heutigen Deutschen Edelstahlwerke, entwickelte der 1829 geborene Wittener ein Verfahren für die Herstellung von Gewehrläufen und sorgte damit für einen beachtlichen Geschäftserfolg. Als das Unternehmen 1873 in eine Aktiengesellschaft umgewandelt wurde, widmete sich Louis Berger ganz der Politik.

Daneben fand er allerdings noch Zeit, sich um die Förderung des Eisenbahnverkehrs zu kümmern. Für seinen Einsatz beim Bau der Strecke Wengerohr-Wittlich wurde er 1884 zum Ehrenbürger der Stadt Wittlich ernannt. Der überzeugte Liberale war aber auch sportlich interessiert. So gründete er mit anderen die Turngemeinde Witten, die zehn Jahre nach dem Tod ihres Mäzens an exponierter Stelle am Hohenstein das Berger-Denkmal errichten ließ. Eine Wendeltreppe im Innern des Turms führt zu einer überdachten Plattform mit einem herrlichen Panoramablick über die malerische Ruhrlandschaft.

Platschen mit Gegrunze

Auf meinem Abstecher zum Hohenstein nutzte ich die Gelegenheit, mich einmal auf dem weitläufigen Gelände genauer umzuschauen, das mit seinen zahlreichen Freizeiteinrichtungen zu Recht zu einem der äußerst geschätzten Ausflugsziele in der Region gehört. Gerade auch Familien mit Kindern fühlen sich hier gut aufgehoben.

Etwa auf dem Wasserspielplatz, der von April bis Oktober zum Plantschen, Matschen und Herumtollen einlädt. Klettergerüst, Karussell, Tischtennisplatten und ein Volleyball-Feld machen das Spielvergnügen komplett. Abenteuerlicher geht es weiter zum Wildgehege. Zunächst am Damwild vorbei, wird der Besucher schon bald vom Grunzen der Wildschweine begrüßt. Immer auf Leckerbissen aus, lassen sich Keiler, Bachen und Frischlinge schnell sehen, um etwas Nahrung zu ergattern. Meistens mit Erfolg. Denn viele Tierfreunde lassen es sich nicht nehmen, aus den aufgestellten Futterautomaten eine Extra-Portion für das hungrige Borstenvieh zu besorgen. Leider nichts für meinen Geschmack dabei. Auch wenn ich bestimmt nicht verwöhnt bin, was Essen und Trinken betrifft.

Bitte zu Tisch im Parkhaus

Natürlich hat der Hohenstein auch für die zweibeinigen Gäste kulinarisch einiges zu bieten. Und nicht nur in dieser Hinsicht . Denn das Ambiente, das den Besucher hier erwartet, ist in der Tat außergewöhnlich. Hotel und Restaurant sind im Parkhaus Hohenstein untergebracht, einem 1914 errichteten Gebäude mit dem Charme von Pomp und Glorie aus der Kaiserzeit.

Zurück zur Natur

Der Hohenstein selbst zählt mit seinen 146 Metern zu den höchsten Erhebungen des Ardeygebirges, das die Siedlungsmöglichkeiten der Stadt Witten auf natürliche Weise begrenzt.

Bis zum Ende des 19. Jahrhunderts wurden die gerodeten Flächen auf dem Hohenstein noch landwirtschaftlich genutzt, bis die Stadt das Areal aufkaufte mit dem Ziel, einen Volkspark nach dem Vorbild englischer Landschaftsgärten anzulegen. Damit verbunden war eine Wiederaufforstung des Geländes.

Die Rückbesinnung auf die Natur hat dem Hohenstein gut getan. Heute präsentiert sich das Gebiet wieder mit einem üppigen Waldbestand, durchzogen von zahlreichen Wegen für Wanderer und Radfahrer.

. .

Station 22: Schloss Steinhausen
Jenseits von Afrika

Am Ruhrkilometer 142 treffen zwei Welten aufeinander. Hier der mittelalterliche Rittersitz mit einem Herrenhaus im klassizistischen Stil - dort fremdartige Gesichter und Gestalten aus dem Schwarzen Kontinent, die sich im Gebäude und auf dem Außengelände der Schlossanlage ein Stelldichein geben.

Die spannende Begegnung zwischen Witten und Zimbabwe wird mir unvergesslich bleiben. Wie es dazu kam, ist wert, erzählt zu werden.

Besuch vom Schwarzen Erdteil

Steinskulpturen aus dem ehemaligen Rhodesien sind die derzeit anerkannteste Form zeitgenössischer Kunst aus Afrika. Die Kunst der Shona, benannt nach der größten Bevölkerungsgruppe des Landes, ist bereits in weltberühmten Ausstellungen wie dem MoMa in New York oder dem Pariser Musée Rodin vertreten. Und hat es natürlich auch längst in den internationalen Handel geschafft, wo die Artefakte zu kontinuierlich steigenden Preise angeboten werden.

Seit 2002 finden Sammler der Shona-Art die außergewöhnlichen Objekte auch in Schloss Steinhausen. Die jährlich wechselnden Exponate namhafter etablierter Steinbildhauer und junger, aufstrebender Künstler machen die Schau in Witten zu einem Kunsterlebnis der besonderen Art.

Seit über fünfzehn Jahren hat sich der Galerist Bastian Müller-Mühlinghaus das Ziel gesetzt, mit der Vorstellung der Shona-Kunst aus Zimbabwe eine emotionale, kulturelle und auch wirtschaftliche Brücke zwischen Europa und Afrika zu schlagen. Schloss Steinhausen bietet dafür ein ausgezeichnetes Umfeld mit vielen Möglichkeiten, die Steinkunst aus Zimbabwe zu fördern und hierzulande bekannt zu machen.

Ein besonderer Stein gibt Anstoß

Der Ursprung der neuen afrikanischen Kunstform liegt im Busch, im Norden Zimbabwes inmitten einer hügeligen Savannenlandschaft. Hier gründete der weiße Tabakfarmer Tom Blomefield 1966 die Künstlerkolonie Tengenenge. Rohmaterial für die dort versammelten jungen bildhauerischen Talente war und ist der Serpentin, ein über zwei Milliarden altes Gestein, das es nirgendwo sonst gibt. Seine Vielfalt und Farbnuancen sowie die unterschiedlichen Härtegrade machen Serpentin zu einem bevorzugten Material für den Skulpteur, der zunächst den Stein ‚zu sich sprechen' lässt. Für viele Künstler, die den spirituellen Hintergrund ihrer Gedanken, Träume und Gefühle in figürlicher oder abstrakter Form zum Ausdruck bringen wollen, eine wichtige Inspiration für ihre spätere handwerkliche Arbeit.

Visionen und Wirklichkeit in Serpentin gehauen

Die Formensprache der Shona-Kunst ist überaus vielgestaltig. Es finden sich traditionelle Motive aus Mythen und Legenden ebenso wieder wie auch Themen aus dem modernen Alltagsleben. Aus purem Stein gefertigt oder auch mit Metall, Holz und Horn kombiniert. Klein oder lebensgroß. Wie auch immer: Jedes Stück ist ein Unikat. Zum einen durch die aufwendige Handarbeit, zum anderen aber auch durch die Farben und Strukturen, die jeden Stein so einzigartig machen.

Ist die endgültige Form aus dem Stein gehauen, wird die Skulptur geraspelt und aufwendig glatt geschliffen. Danach am Feuer erhitzt, um die Poren des Steins zu öffnen, und anschließend mit farblosem Wachs eingerieben. Ein Verfahren, das Farbe und Struktur zum Vorschein bringt und zugleich die Oberfläche versiegelt. Mit einem weichen Stofflappen poliert der Künstler zum Abschluss sein Werk auf Hochglanz.

Ein Treffpunkt der Kulturen

Fazit: Für Kunstliebhaber ist der Besuch der deutschlandweit größten Ausstellung von Shona-Kunst auf Schloss Steinhausen ein Muss. Aber nur für Kunstfreunde? Mitnichten. Denn auch die ehemalige Doppelburg der Herren von Witten aus dem 13. Jahrhundert ist allemal eine Reise wert.

Wie die meisten der historischen Schlossanlagen an der Ruhr hat auch Steinhausen im Laufe der Jahrhunderte eine wechselvolle Geschichte erlebt. Ursprünglich zur Sicherung einer Ruhrquerung erbaut, erfüllte das *Steenhus* viele Jahre verlässlich seine Aufgabe, Furt und Fähre zu schützen.

Anno 1434 von 700 Landsknechten und 20 Reitern aus der Reichstadt Dortmund zerstört, wurde die Feste 1470 neu errichtet. Nach vielem Hin und Her zwischen den ansässigen Adelsgeschlechtern der Region erbaute 1819 Levin von Elverfeldt auf dem Areal ein neues Herrenhaus. Zweigeschossig mit Krüppelwalmdach, durch Fenster architektonisch klar in neun Achsen gegliedert. 74 Jahre später erwarb der Wittener Bauunternehmer Friedrich Wilhelm Dünkelberg das Schloss und ließ - wie nicht anders zu erwarten - seine Arbeiter anrücken, die Steinhausen nach dem Geschmack der Zeit in ein Rittergut im Stilmix des Historismus verwandelten. Unter anderem mit einem Vestibül, einer Veranda und einem prunkvollen Treppenhaus.

Zum Ensemble gehören außerdem ein Turmhelm, ein Wohnhaus aus Bruchstein mit markantem Stufengiebel, ein Wirtschaftsgebäude sowie ein Kapelle aus dem Jahr 1648, die allerdings 1904 .im Jugendstil grundlegend umgestaltet wurde.

Jenseits von Afrika mitten in Witten. Was kann es Aufregenderes geben, als diesen geschichtsträchtigen Ort im Muttental, nah an der Wiege des Ruhrbergbaus, mit seinen verschiedenen Kulturen, Ansichten und Einblicken persönlich in Augenschein zu nehmen. So wie ich heute an Station 22 meiner Reise.

Station 23: Universität Witten/Herdecke
Ein Hort der Wissenschaft und Lehre

Ehrfurcht war nicht angebracht, als ich mich der Akademie mit gebührender Vorsicht näherte. Hier warten keine heiligen Hallen auf dem Campus, bedeckt mit altehrwürdigem Staub der Gelehrsamkeit. Diese Alma Mater kommt modern daher und zeigt ein offenes Willkommens-Gesicht. Viel Glas, viel Licht. Ein einladendes Ambiente, das mit ansprechender Architektur ein Zeichen für fortschrittliche Bildung setzt,

1982 gegründet, nahm die Hochschule mit Standort in Witten als erste deutsche Privatuniversität ein Jahr später den Lehrbetrieb auf. Damit hatten die Initiatoren, darunter die Ärzte Konrad Schily und Gerhard Kienle, eine wichtige Station auf ihrem Weg zu einem fundamentalen Studium erreicht. Fort von Stillstand und Praxisferne etablierter Universitäten und hin zu einer Kombination von akademischer und beruflicher Bildung – auf der Grundlage reduzierter Studentenzahlen mit dem Vorteil individueller Betreuung.

Seit 1987 befindet sich die Institution in gemeinnütziger Trägerschaft einer GmbH und ist als einzige nichtstaatliche Volluniversität Mitglied der Hochschulrektorenkonferenz. Ein Geschäftsmodell, das skeptischen Vorbehalten erfolgreich Paroli bietet. Immerhin schafft es die Universität, sich aus eigener Ertragskraft bis zu fast 90 Prozent ohne Hilfe selbst zu finanzieren.

Neues Denken ganz privat

Als Modelleinrichtung will die Universität Witten/Herdecke mehr als Wissen vermitteln. Ihre Mission lautet: Zur Freiheit ermutigen. Nach Wahrheit streben. Soziale Verantwortung fördern. Mit dieser Strategie des Wirkens in Lehre, Forschung und Gesellschaft wird eine Philosophie des kritischen Engagements umgesetzt, die sich einem neuen Denken verschrieben hat. Innerhalb und außerhalb der Akademie.

Rund 2500 Studenten besuchen pro Semester Witten/Herdecke. Die Vergabe der Studienplätze erfolgt in einem mehrstufigen Verfahren vor einer hochkarätig besetzten Kommission aus Vertretern der Hochschule sowie Persönlichkeiten aus Wirtschaft, Medien und Kultur, wobei dem persönlichen Gespräch mit dem Bewerber große Bedeutung zukommt. Der Schwerpunkt im Lehrprogramm liegt auf den drei Fakultäten Wirtschaftswissenschaft, Kulturreflexion sowie Gesundheit und Pflege. Hier haben die Studiosi von Anfang an Gelegenheit, praxisorientiert und nah am Patienten ihre Ausbildung zu absolvieren.

Einen herausragenden Ruf bei Patienten aus dem gesamten Bundesgebiet hat sich unter anderem die Zahnklinik der Universität Witten/Herdecke erworben, die im Bereich der Zahn-, Mund- und Kieferheilkunde, aber auch in der Implantologie ausgezeichnete Leistung bringt.

Forschen für Reformen und Fortschritt

Kein Elfenbeinturm in Sicht. Die aktuellen Herausforderungen in Medizin, Gesellschaft, Politik und Wirtschaft sind für Professoren und Studenten in Witten Anlass, sich einzumischen. Die Digitalisierung steht ebenso auf der Agenda wie die Optimierung der Gesundheitsvorsorge. Die Auseinandersetzung mit der kulturellen Komplexität wird genauso in den Fokus gestellt wie das Business-Thema Führung und Organisation in Unternehmen sowie der Zusammenhang zwischen Demokratie und Wachstum.

Entsprechend hoch setzt die Alma Mater den Maßstab für ihre Ausbildungsziele. Es genügt den Verantwortlichen nicht, ein gutes wissenschaftlich fundiertes Studium anzubieten und die angehenden Ärzte, Bachelors und Diplomanden mit besten Voraussetzungen in die berufliche Praxis zu entlassen. Der Anspruch greift weiter. Gesellschaftsgestalter sollen die Absolventen der UW/H sein – beherzte, eigenverantwortliche Eliten, die ihr Wissen in den Dienst der Allgemeinheit stellen. Ein ehrgeiziges Vorhaben, das unserem Gemeinwesen messbaren Nutzen beschert.

Munteres Treiben auf dem Campus

Junge Leute in angeregter Diskussion. Gebäude, die für Offenheit stehen. Wissenschaft und Lehre von heute brauchen keine Ehrerbietung, um ihren Stellenwert im Leben zu dokumentieren. Im Gegenteil Was ein zeitgemäßes Studium ausmacht, sind Vielfalt, Transparenz, kreatives Miteinander. Und der Wille, mehr zu erfahren, um mehr zu können und mehr zu leisten.

So habe ich bei meinem Ausflug in akademische Gefilde nachdrücklich gelernt, dass Reisen bildet.

Station 24: Auf der Ruhrtal-Fähre
Flussfahrt im Minutentakt

Eigentlich sollte es dieses Fährschiff gar nicht geben. Denn ursprünglich war für die Verbindung zwischen der Burgruine Hardenstein und der Schleuse Herbede eine Brücke über die Ruhr vorgesehen. Doch der Plan wurde fallengelassen, da solch ein Bauwerk aufgrund der erforderlichen Durchfahrtshöhe nicht mehr in das Bild eines Landschaftsschutzgebietes gepasst hätte.

Vor diesem Hintergrund fand die Idee, alternativ eine Fähre einzusetzen, breite Zustimmung. Auf diese Weise konnten Wanderer wie auch Radfahrer bequem von einem Ufer zum anderen übersetzen. Im Rahmen des EU-Projekts „Artery – Flusslandschaften der Zukunft" wurde das Vorhaben in Angriff genommen. Und zwar in einem großen Kooperationsverbund unter Beteiligung der Städte Bochum, Hagen, Hattingen, Herdecke, Wetter und Witten, dem Regionalverband Ruhr sowie des Ennepe-Ruhr-Kreises.

Per Kran aufs Wasser gesetzt

Nachdem der Schiffskörper von einer holländischen Werft konzipiert und gebaut worden war, legten Teilnehmer eines Qualifizierungs- und Beschäftigungsprogramms vor Ort letzte Hand an, um das Schiff entsprechend auszurüsten und den Innenausbau fertigzustellen. Nach Abschluss der Arbeiten wurde die Fähre mit Hilfe eines Krans der Feuerwehr Bochum ins Wasser gelassen. Damit konnte das Boot pünktlich zur Eröffnung des Ruhrtal-Radwegs am 30. April 2006 zu seiner Jungfernfahrt starten und den Betrieb aufnehmen – getauft auf den Namen *„Hardenstein"*.

Zu wenig Platz für so viel Andrang

Insgesamt war die erste *Hardenstein* für 16 Personen zugelassen – zu wenig, wie sich bald herausstellte. Denn das Shuttle-Angebot wird zunehmend genutzt und erfreut sich als Highlight einer Radtour wachsenden Zuspruchs. Zumal die Überfahrt nichts kostet. Freiwillige Spenden werden aber gerne angenommen und auch gegeben. So kommen jährlich etwa 40.000 Euro zusammen.

Bereits in der ersten Saison ließen sich mehr als 80.000 Passagiere übersetzen. War das Wetter schön, bildeten sich rasch Warteschlangen an der Anlegestelle, denn die das Schiff durfte maximal 12 Radfahrer mit ihren Vehikeln an Bord nehmen.

Ein neues Schiff muss her

So ging es also nicht weiter. Das sahen auch die Betreiber ein und erwarben 2010 eine größere Fähre vom Typ Katamaran mit zwei Propellern und Rudern, die das kleinere Modell ersetzte. Die neue, 13,50 x 4,60 große *Hardenstein* kann bis zu 49 Personen gleichzeitig befördern und ist mit zwei 10 Kilowatt starken Elektromotoren ausgestattet, die eine Betriebsdauer von bis zu fünf Tagen ermöglichen.

Von Anfang April bis Ende Oktober täglich von morgens bis in die Abendstunden unterwegs, transportiert die Fähre in dieser Zeit rund 150.000 Fahrgäste ‚from coast to coast'. Für den reibungslosen Betrieb sorgt ein hauptamtlicher Fährmann gemeinsam mit 15 ehrenamtlichen Schiffsführern. Nebenbei: Die kleinere *Hardenstein I* hat längst noch nicht ausgedient. Sie tuckert nun als Ausflugsschiff auf dem Kemnader See.

Die Schwalbe knapp verpasst

Leider habe ich eine weitere Berühmtheit knapp verfehlt. Ich befand mich bereits auf dem Rückweg, als das bekannte Fahrgastschiff *Schwalbe II* die Fahrrinne auf der Ruhr passierte, an Bord viele Touristen, die das herrliche Sommerwetter für eine zweistündige Rundfahrt auskosteten. Na ja – ich wäre bei dem Gedränge sowieso nicht an Bord gegangen. Denn zur Schiffskatze fehlt mir jegliches Talent. Statt schaukelnden Planken ziehe ich eindeutig festen Boden unter den Pfoten vor.

Das Motorschiff mit dem Heimathafen Witten verkehrt drei- bis viermal am Tag im Linienverkehr vom Freizeitzentrum Kemnade aus vorbei an der Herbeder Schleuse, der Burgruine Hardenstein und der Zeche Nachtigall bis zur Station Uferstraße in Bommern. Die *Schwalbe II* aus dem Baujahr 1987 schafft 9,5 Knoten bei einer Maschinenleistung von 163 PS, verfügt über 125 Sitzplätze auf zwei Decks und kann maximal 150 Passagiere aufnehmen.

Vom Tod einer Schleuse

Um das außergewöhnliche Panorama komplett zu machen, darf ein Blick auf die Herbeder Schleuse nahe beim Haltepunkt der Ruhrtal-Fähre nicht fehlen. Die Anlage wurde zwischen 1776 und 1778 auf Geheiß von König Friedrich II als eine von 16 Ruhrschleusen errichtet, die jedoch im Laufe der Zeit mehrmals saniert werden musste und schließlich doch verrottete. Die große Flutwelle von 1943 machte den verbliebenen Resten schließlich den Garaus.

In den späten 1980er Jahren übernahm dann die jetzige Schleuse mit robusten Stahltoren die Aufgabe, die *Schwalbe* zum Kemnader See zu hieven. Ein Spektakel, das sich bei Kaffee und Kuchen – oder gerne auch bei einem Schälchen Milch - im historischen Schleusenwärterhaus gut beobachten lässt.

Zu Gast im Schleusenwärterhäuschen

Das malerische Fachwerk-Gebäude stammt aus dem Jahr 1835. Wie stabil damals gebaut wurde, beweist die Tatsache, dass das klassizistische Königliche Schleusenwärterhaus der Überflutung durch die Bombardierung des Möhne-Stausees im Zweiten Weltkrieg standhielt – während die hölzerne Schleuse selbst völlig zerstört wurde.

Heute ist das Wärterhaus mit dem typischen Krüppelwalmdach und den grünen Fensterläden ein viel besuchten Rastplatz, an dem an einem schönen Sommertag etliche hundert Radler und Spaziergänger eine Pause einlegen und sich frische Waffeln, deftige Eintöpfe, Leckeres vom Grill und weitere kulinarische Spezialitäten schmecken lassen. Und dazu die wundervolle Umgebung genießen.

Station 25: Zeche Nachtigall
Jede Menge Kohle

Fast 250 Jahre lang wurde im ehemaligen Steinkohlebergwerk Nachtigall in Witten-Bommern am Eingang des Muttentals gefördert auf Teufel komm raus. Kaum hatten zwei Bauern anno 1645 die Mutung eingelegt, ging es mit der Gewinnung des kostbaren Schwarzen Goldes schon los. Offensichtlich wollten die beiden nicht so lange warten, bis ihrem Antrag auf Erteilung des Abbaurechts stattgegeben wurde.

Damals war es noch relativ einfach, den Bodenschatz zu heben. Über ein Mundloch führte der Weg in einen Stollen, in dem die Kalkkohle lagerte – ein Brennstoff von eher niedriger Qualität. Zu einem richtig rentablen Wirtschaftsbetrieb entwickelte sich der Standort Nachtigall, als im lukrativen Tiefbau stückreiche, wertvolle Fettkohle gefördert werden konnte. Der Übergang vom Stollenbau zu den Teufarbeiten für den damaligen Schacht Neptun lässt sich auf das Jahr 1832 datieren.

Auf mehreren Wegen ans Ziel

Bereits 1829 hatte sich Nachtigall-Besitzer Ludwig von Elverfeldt am Bau der Muttentalbahn beteiligt, die mit pferdegezogenen Wagen die Ruhrzechen mit der Straße nach Elberfeld verband. Ein Eisenbahnanschluss in Witten brachte dagegen keine Transportvorteile, da die Zeche auf der falschen Ruhrseite lag. Erst 1854 entschlossen sich die Verantwortlichen nach unendlichen Diskussionen zum Bau der Nachtigall-Brücke. Damit verlor die Kohleverschiffung auf der Ruhr stetig an Bedeutung.

Zuvor hatte der einzige Transportweg über die Ruhr geführt. Zu diesem Zweck wurde an der Zeche eine ummauerte, hochwassergeschützte Kohlenniederlage angelegt, um die Aaken regelmäßig befrachten zu können.

Nasse Füße in der Grube

Guter Wille allein genügte aber nicht, um die Zeche Nachtigall kurzfristig für den Unter-Tage-Bau auszurüsten. Immer wieder stoppten Wassereinbrüche aus der benachbarten Ruhr den Vortrieb in die Tiefe. Erst dampfgetriebene Wasserpumpen, von Friedrich Harkort aus Wetter gebaut, waren in der Lage, die Wassermassen aus den Gruben abzuleiten.

Dennoch hatten die Bergleute im Laufe der Jahre weiterhin Probleme mit eindringendem Wasser, so dass sogar komplette Sohlen absoffen und der Förderbetrieb zeitweise eingestellt werden musste.

Das Schuften unter Tage zahlt sich aus

Aber: Trotz aller Schwierigkeiten entwickelte sich die Zeche Nachtigall prächtig. 1855 nach dem Einrichten der Sohlen 6 und 7, in denen zur Streckenförderung nun auch Grubenpferde zum Einsatz kamen, war die Anlage das förderstärkste Steinkohlenbergwerk in Westfalen. Lagen die Förderzahlen aus dem Jahre 1803 noch bei 66.000 Ringeln, was etwa 4752.000 Kubikdezimetern entsprach, so wurde 1857 mit 95.372 Tonnen die maximale Menge erreicht. Auch die Belegschaft war kräftig gewachsen: Von zehn Bergleuten in 1805 auf 467 Kumpel in der Hochzeit.

Etwa 20 Jahre später war man im Schacht Hercules bei einer Teufe von 449 Metern in der zehnten Sohle angekommen. Also bei 367 m u. NN. Zur gleichen Zeit wurde hier die maschinelle Seilfahrt eingeführt. Eine große Erleichterung für die Bergleute dort, die nun nicht mehr über Leitern durch den Schacht klettern mussten, um ihren Arbeitsplatz zu erreichen.

Aufbruch in unbekannte Niederungen

Auf der Zeche Nachtigall hatten sich die Fachleute seit der Gründerzeit schon einiges getraut, was sie bergbautechnisch erfolgreich nach vorne brachte. Nur eine Herausforderung war bislang ein allzu großes Wagnis gewesen: Der Kohleabbau unterhalb der Ruhr. Nur dumm, dass gerade hier die wirklich guten Flöze lagerten, Aber die Angst vor unkontrollierbaren Wassereinbrüchen hielt die Bergleute von damals vor weiteren Risiken ab. Daher entschlossen sich die Gewerke, diese Flöze nur so weit abzubauen, dass das Hangende nicht einbrechen konnte.

Nach der Installation der damals stärksten Dampfmaschine mit einer Leistung von 500 PS gaben die Bergleute ihre Bedenken auf und nahmen 1856 die Kohleförderung unter der Ruhr auf.

Jeder Vorrat geht mal zu Ende

So erfolgreich hätte es eigentlich mit dem Bergbau im Muttental immer weitergehen können. Tat es aber nicht. Bereits durch die ständigen Wasserzuflüsse über die Maßen gebeutelt, mussten die Kumpel 1892 noch eine Schreckensmeldung verkraften. Die noch vorhandenen Kohlenflöze erwiesen sich als nicht mehr bauwürdig, das Bergwerk war unrentabel geworden. So kam es, wie es kommen musste. 1892 wurde die Zeche Nachtigall stillgelegt.

War demnach mit der Schicht im Schacht das Ende der einstmals großen Zeche beschlossen? Nicht so ganz. Denn der Unternehmer Wilhelm Dünkelberg hatte mit dem Zechengelände andere Pläne. 1897 erbaute er am Standort eine Ziegelei und nahm die Zeche Vereinigte Nachtigall in Betrieb, um seine Fabrikation mit Brennstoff zu versorgen. Lange Zeit sah es so aus, als ob es Fortuna gut mit Nachtigall meinte. Doch 1964 schloss auch die Ziegelei Dünkelberg ihre Tore. Das künftige Schicksal als Schrottplatz schien damit besiegelt.

Zum Glück museumsreif

1982 wendete sich aber wieder alles zum Guten. Das LWL-Industriemuseum trat auf den Plan und errichtete auf dem ehemaligen Werksgelände der Zeche Nachtigall eine Niederlassung, die mit zahlreichen Exponaten die abwechslungsreiche Kultur des Kohlebergbaus in der Region für die Nachwelt am Leben hält.

Station 26: Im Muttental
Aufschlussreiche Perspektiven

Wer sich tiefgründig mit der Erdgeschichte des Wittener Muttentals beschäftigen will, muss zunächst einmal hoch hinaus. Über 50 m ragt der ehemalige Ziegelsteinbruch Dünkelbruch empor, der ein anschauliches Beispiel für die Schichtablagerungen aus der Oberkarbonzeit liefert. Zu hoch für mich. Daher verzichtete ich auf die riskante Kletterpartie und schaute mir das geologische Szenario von unten an.

Ein Blick auf die mächtige Wand vermittelt ein genaues Bild von der beeindruckenden Gesteinsformation, die vor rund 317 Millionen Jahren durch Sedimente aus Lagunen, Seen und verzweigten Fluss-Deltas entstanden ist. Die Oberkante des Steinbruchs wird aus einem festen Sandstein gebildet, darunter liegt ein breites Kohlenflöz, das mit seinem 0,3 Meter dicken Strang gut sichtbar in der Wand verläuft. Weiter unten folgt ein sandiger Wurzelboden. Bis zur Steinbruchsohle schließen sich mehrere Lagen tonhaltiger Gesteine an, die seinerzeit hier gebrochen und in der benachbarten Ziegelei verarbeitet wurden.

Gut zu wissen: Über den Nachtigallstollen waren Steinbruch und Ziegelei verbunden. Besucher sollten unbedingt die Gelegenheit nutzen und sich unter kundiger Führung den 130 m langen Gang anschauen. Denn hier sind die verschiedenen bergmännischen Ausbauarten sowie die aufgeschlossene Schichtenfolge ausgezeichnet zu sehen.

Auf den Spuren einer langen Tradition

Doch mit der Aussicht auf den Steinbruch fängt das Abenteuer Muttental erst an. Nicht von ungefähr steht das Areal auf der Liste der bedeutendsten Geotope in Deutschland. Denn es gibt kein zweites Gebiet im Ruhr-Revier, in dem geologische Aufschlüsse und bergbauhistorische Sehenswürdigkeiten in einer derartigen Vielfalt so eng beieinander liegen. Daher wird das Tal im Wittener Stadtteil Bommern zu Recht als Wiege des Kohlebergbaus bezeichnet.

Über rund zehn Kilometer führt ein Rundweg durch eine 450.jährige Bergbaugeschichte. Angefangen bei der simplen Kohlengräberei der Bauern dicht unter der Erde und weiter über den Stollenbau, der waagerecht ins Gestein getrieben wurde, bis zum Tiefbau der Zeche Nachtigall, die in ihrer Bestzeit einiges über 95.000 Tonnen guter Steinkohle im Jahr zu Tage förderte.

Auf dem Bergbaurundweg begegnet der Wanderer einer Fülle von Zeugnissen aus einer industriellen Vergangenheit, die bis spät ins neunzehnte Jahrhundert die Entwicklung und den Wohlstand der Region prägte. Der Weg geht vorbei an Halden, Stollenmundlöchern und Rekonstruktionen alter Schachtanlagen

Der Posaunenengel hat ausgedient

Zu den besonders interessanten Örtlichkeiten zählt das Bethaus der Bergleute, ein Vielzweckbau, in dem sich die Kumpel im Muttental vor Arbeitsbeginn und nach Schichtende trafen. Das Haus diente als Andachtsstätte, als Platz für die Anwesenheitskontrolle und als Aufbewahrungsort für das Arbeitsgerät. Im Sockelgeschoß war die gemeinschaftliche Schmiede der Stollenbetriebe untergebracht; im oberen Stockwerk befand sich ein Versammlungssaal, im rückwärtigen Fachwerkanbau eine Wohnung. Erbaut wurde das Bethaus, dessen Walmdach von einem kleinen Glockenturm mit einem Posaunenengel auf der Spitze bekrönt wird, anno 1830 unter der Leitung des Bergamtes Dortmund.

Zunächst teilten sich die in der Nähe liegenden Zechen Morgenstern, Louisenglück und Turteltaube die Investition von 564 Reichstalern und 15 Silbergroschen für das Bruchstein-Gebäude. Etwas später beteiligten sich darüber hinaus die Zechen Österbank und Aufgottgewagt mit jeweils 62 Reichstalern an den Baukosten. Doch bereits nach sieben Jahren wurde das Bethaus wieder geschlossen, weil die Anteilseigner ihren Betrieb einstellten. So ging das Ganze den Weg alles Irdischen. Das Inventar wurde versteigert und der Erlös von 145 Reichstalern zu gleichen Teilen an die beteiligten Zechen ausgezahlt.

Der Dampfer wartet schon

Einen Zwischenstopp wert ist außerdem die Trasse der Muttentalbahn, einer der ältesten Schienenwege Europas aus dem Jahr 1829. Mit dem Bau der sechs Kilometer langen Pferdebahn wurde das bislang mühselige Transportieren der Kohle von den Bergwerken am Standort zu den Kohlenniederlagen und Verladestationen an der Ruhr wesentlich einfacher.

Den Schlusspunkt der Wandertour durch die Bergbaugeschichte der Region setzt die Burgruine Hardenstein, wo der Wanderer an Bord des Dampfers Schwalbe einen Abstecher auf die Ruhr unternehmen kann.

Station 27: Schacht Margarethe
Feuer unterm Förderturm

XY ungelöst: Ein Jahr nach der Eröffnung der Station Nummer 38 auf dem historischen Bergbaurundweg im Muttental passierte es. Um ihre Spuren zu verwischen, hatten Autodiebe im August 2010 unter der originalgetreuen Nachbildung von Förderturm und Maschinenhaus der ehemaligen Schachtanlage Margarethe ein Feuer gelegt. Dazu schoben die Täter einen brennenden Wagen unter das sechs Meter hohe hölzerne Schachtgerüst, das schnell Opfer der Flammen und restlos zerstört wurde.

Der Schaden belief sich auf 55.000 Euro. Ein Betrag, den glücklicherweise die Versicherung der Stadt Witten ersetzte, so dass die aufwendige Reparatur nach den strengen Vorgaben des Denkmalschutzes zügig in Gang kam. Unter anderem verwendeten die beauftragten Handwerker alte Baustoffe, die gemäß vorliegenden Konstruktionsplänen in traditionellen Fertigungstechniken verarbeitet wurden. Damit ist ein wertvolles Prunkstück des Muttentals sozusagen wie ein Phönix aus der Asche zu neuem Leben auferstanden.

Heute ist auf dem Wanderparkplatz Berghauser Straße nichts mehr von der Attacke der Brandstifter zu sehen. Auf dem malerischen Fleckchen Erde mit der beeindruckenden Replik der früheren Schachtanlage ist Ruhe eingekehrt. Viele Wanderer nutzen so wie ich die Gelegenheit, auf einer Bank eine Pause einzulegen und den unverstellten Ausblick auf die Landschaft zu genießen.

Eine ziemlich schräge Angelegenheit

Die Rast ließ mir Zeit für einen Blick zurück in die Vergangenheit. Hier am Standort der Zeche Hermann wurde von 1882 bis 1896 die wertvolle Steinkohle gefördert. Zu diesem Zweck legten die Kumpel einen tonnlägigen Schacht im Flöz Geitling an, der bis auf 63 Meter in die Tiefe führte und den Namen „Margarethe“ erhielt.

Zum besseren Verständnis dient hierzu ein kleiner Exkurs in die Bergbautechnik. Schächte wurden im Grubenbau immer dann installiert, wenn die Lagerstätte der Kohle von der Oberfläche – also über Tage – erschlossen werden konnte. Bei einer schräg verlaufenden Anlage spricht der Experte von einem tonnlägigen Schacht mit einer Neigung von 45° bis 75,6°. Aufgabe eines solchen Schachts war der Transport von Personen und Material, aber auch das Befördern der Abbauprodukte nach draußen sowie die Versorgung mit Frischluft. Arbeiten, die zunächst ohne Förderturm erfolgten.

Vorbei mit einfach simpel

Mit der Erfindung der Dampfkraft, mit deren Hilfe das anfallende Grundwasser abgepumpt werden konnte, kam das bisher praktizierte, simple Verfahren schnell an seine Grenzen. Denn nun mussten Maschinen und anderes technische Gerät in dem Schacht Platz finden. Aus diesem Grund wurden nicht nur größere und stärkere Schächte gebraucht, sondern auch Methoden und Mittel benötigt, um die schweren Anlagen nach unten zu befördern. Aus dieser Notwendigkeit heraus entwickelten die Bergbau-Experten von damals das sogenannte Fördergerüst, wie es heute noch beim rekonstruierten Schacht Margarethe zu sehen ist.

Anno 1884 entstand neben der Schachtanlage ein Zechenhaus mit drei Räumen. 1888 wurde zusätzlich eine Dampfmaschine installiert. Auch noch wissenswert: Im Jahr 1883 waren drei Bergleute auf der Zeche Hermann beschäftigt, die eine Ausbeute von 23 Tonnen Steinkohle erbrachten. Eine Spitzenförderung von 2147 Tonnen datiert aus dem Jahr 1889 und lässt sich neun Bergleuten zurechnen.

Vom Hochbetrieb zum Aus

Damals in den Anfängen der Zeche Hermann herrschte im Muttental bereits bergbautechnischer Hochbetrieb. Über 60 Zechen waren oftmals gleichzeitig im Einsatz. 1896 kam für Schacht Margarethe und die Schwesteranlage Schacht Anna das Aus. Drei Jahre später lief der Betrieb jedoch wieder an, als die Gewerkschaft Vereinigte Hermann den senkrechten 40 m tiefen Schacht Hermann abteufte. 1910 erlebte das Bergwerk noch einmal einen kurzfristigen Höhepunkt mit rund 60 Tonnen pro Tag bei einer Belegschaft von 51 Mann. 1928 kam es dann trotzdem aus Rentabilitätsgründen zum Aus für die Kohleförderung.

Umso begrüßenswerter, dass mit dem Projekt Margarethe ein wichtiges Stück Bergbaugeschichte in der Region neu erlebbar geworden ist.

Station 28: Haus Kemnade
Eine Schatzinsel im Wasserbett

Außen trutzig, innen kostbar. Das Haus Kemnade im Hattinger Ortsteil Blankenstein macht Eindruck. Sogar gewaltig Eindruck. Erstmals urkundlich erwähnt wurde das Anwesen 1393 als Besitz des vermutlichen Erbauers Wennemar von Dücker. Ihren Namen hat die stattliche Burg von dem lateinischen Begriff *„domus caminata"*. So wurde ein steinernes Kaminhaus bezeichnet, dessen Zimmer mit eigenen Feuerstellen ausgestattet waren.

Die zahlreichen Baumeister, die nach einem Großbrand anno 1589 den Adelssitz wieder neu aus heimischem Sandstein errichteten, verstanden ihr Handwerk. Trotzdem sollte es über hundert Jahre dauern, bis der Wiederaufbau abgeschlossen war. Schuld an der Verzögerung war eine Reihe von Kriegen, nicht zuletzt der Dreißigjährige, der auch in diese Region verheerende Schäden hinterließ.

Wenn der Fluss den Lauf verändert

Das um 1704 fertiggestellte Gebäude-Ensemble im Stil der Renaissance und des Barock besteht aus einem Herrenhaus und einer Vorburg, gemeinsam auf einer Insel gelagert und von einer 50 bis 80 Meter breiten Gräfte umgeben.

Kurios: Zunächst lag die Wasserburg auf der anderen Seite der Ruhr. Nach einem Hochwasser verließ der Fluss 1486 urplötzlich sein Bett und das Haus Kemnade wurde von seinem ursprünglichen Standort im Dorf Stiepel getrennt. Bis zum Bau der Kemnader Brücke in 1928 sorgte eine Fähre dafür, dass Burg und Bürger in Verbindung blieben. Bötchen fahren konnte man aber auch weiterhin. 1960 wurde der Betrieb des traditionsreichen Fährschiffs dann doch endgültig eingestellt – sicherlich zum Leidwesen vieler, die diesen entspannten Shuttle von Ufer zu Ufer schätzen gelernt hatten.

In voller Schönheit und ganzer Pracht

Obwohl auf Hattinger Gebiet, wechselte Haus Kemnade ins Eigentum der Stadt Bochum, die 1921 den Burgkomplex zusammen mit 500 Morgen Land von Baron Ludwig von Berswordt-Wallrabe erworben hatte. Damit waren die Weichen gestellt, das einzigartige Wasserschloss in seiner ganzen Pracht einer breiten Öffentlichkeit zugänglich zu machen.

In der Tat erwarten den Besucher in den prunkvollen Innenräumen Pretiosen und Sammlerstücke von hohem Wert. Unter anderem zwei wunderschöne Kamine aus dem 15. und 16. Jahrhundert, mit Stuck verzierte Decken sowie barocke Möbel in feinster Tischlerkunst.

Ebenso verdient das aufwendig gestaltete Treppenhaus mit geschnitzten Holzfiguren aus einer Schwelmer Werkstatt des 17. Jahrhunderts Beachtung. Wer dagegen einen außergewöhnlichen Ort für sein Ja-Wort sucht, sollte unbedingt in der spätgotischen Kapelle auf der Burganlage vorbeischauen. Ein würdevoller Raum, um den Bund fürs Leben zu schließen.

Mit Sammelleidenschaft zusammengetragen

Für Vierbeiner verboten, aber unbedingt sehenswert ist die bedeutende Sammlung historischer Musikinstrumente und Spieluhren, ergänzt um seltene Handschriften und Notenblätter. Über 1800 Exponate aus der Zeit vom 16. bis zum 20. Jahrhundert hat der Bochumer Musiker Hans Grumdt über Jahrzehnte zusammengetragen und für diese museale Schau zur Verfügung gestellt. Ganz anders, doch nicht weniger interessant präsentiert sich ein paar Räume weiter eine umfangreiche Ostasiatika-Kollektion auf dem Privatbesitz von Kurt Ehrich. Darunter eine Anzahl kunstvoll gearbeiteter Gürtelknebel aus Japan in unterschiedlichen Formen und Materialien. – die sogenannten Netsuke.

In der Schatzkammer Kemnade geht es dagegen um Werte anderer Art. Beim Besuch der geldgeschichtlichen Sammlung der Sparkasse Bochum besteht die Gelegenheit, alles rund um das Thema Zahlen und Sparen zu erfahren. Hier trifft man beispielweise das älteste Sparschwein Deutschlands, kann Muscheln, Salz und Kanonenrohre als Zahlungsmittel bestaunen, lernt die unglaublichsten Möglichkeiten der Geldaufbewahrung kennen und bekommt das Gruseln angesichts der Milliardenwerte, die während der Inflation der zwanziger Jahre in Bochum ein Brot oder ein Stück Wurst kosteten.

Landleben wie anno dunnemals

Nach diesen klangvollen, exotischen und geldwerten Kunstgenüssen steht dem Besucher möglicherweise der Sinn nach etwas Deftigerem. Auch damit kann das Haus Kemnade dienen. Und zwar in einem Vierständer-Fachwerkhaus von 1800 hinter der Burg, das heute ein uriges Bauernmuseum beherbergt. Bei dem Gebäude handelt es sich um die alte Meierei in Stiepel, die in den siebziger Jahren hier auf dem Burggelände originalgetreu wieder aufgebaut wurde.

Kaum öffnet sich das alte Tor, empfängt den Gast die bäuerliche Welt vergangener Jahrhunderte. Liebevoll eingerichtete Stuben mit Mobiliar aus Westfalen und dem Bergischen Land, dazu Gerätschaften aus dem Alltag, die Einblick in die ländliche Kultur der Zeit geben.

Auf zum Wasserspaß um die Ecke

Für mich nur einen Katzensprung entfernt ist der Kemnader See. Eine vielseitige Anlage, die 1980 eröffnet wurde und zahlreiche Freizeitaktivitäten bietet. Ob Tennis, Surfen, Rudern, Angeln oder Segeln: Dies und vieles mehr macht das beschaulich gelegene Gewässer zur einer Attraktion für Besucher aus nah und fern mit garantiertem Spaß-Faktor.

Station 29: Bismarck-Turm in Hattingen
Auch ohne Hering sehenswert

Hype und Heldenverehrung. Der Eiserne Kanzler als Kultfigur der Politik. Zu Lebzeiten und auch noch nach seinem Tode verehrt wie kaum ein anderer. Zu seinem achtzigsten Geburtstag anno 1895 gingen fast eine halbe Million Glückwunschsendungen bei den von Bismarcks ein. Hunderttausende Menschen machten sich zudem an diesem Tag auf den Weg in den Sachsenwald zum Wohnsitz Friedrichsruh, um einen Blick auf den greisen Politstar zu erhaschen.

Otto Fürst von Bismarck stand Pate für Straßen, Plätze und ganze Stadtteile. Schiffe, Bäume, sogar eine Zeche trug seinen Namen. Auch im Ausland wurde der Ausnahme-Politiker hoch geschätzt und gewürdigt. Gebirge, Gletscher, Seen und ein tropischer Archipel im Pazifik sind nach dem Gründer des Deutschen Reiches benannt. Nicht zu vergessen der berühmte Bismarck-Hering, sozusagen eine kulinarische Referenz zum Anbeißen, die auch ich sehr schmackhaft finde.

Feuerzeichen übers Land

Heute erinnern in Deutschland noch 146 Türme von ehemals 184 Bauwerken an den streitbaren, trinkfesten Reichskanzler. Einer dieser architektonisch beeindruckenden Bismarck-Türme steht in Hattingen, also genau auf meinem Reiseweg. Bevor ich mich auf den beschwerlichen Aufstieg mache, sei ein Rückblick auf die denkwürdige Turmbewegung gestattet, die diese deutschlandweite Denkmal-Aktion seinerzeit ins Leben rief.

Ideengeber und Initiatoren waren Bonner Studenten, die kurz vor der Jahrhundertwende anregten, über das ganze Land ein Netz von Türmen zu spannen. Zweimal im Jahr sollte auf allen Bismarck-Türmen symbolisch ein Feuer entzündet werden, das dann als Fanal über Deutschland sichtbar sein würde. Ein Wunsch, der niemals verwirklicht wurde.

Die meisten Bismarck-Monumente dienen mittlerweile als Aussichtsplattformen. In Hattingen ist es auch so

Auf Fels gebaut – mit Zinnen bewehrt

Otto von Bismarck war gerade mal ein Jahr tot, als der Rat der Stadt Hattingen 1899 beschloss, ihm zum Gedenken auf dem Hohenstein im Stadtwald einen Turm zu errichten. Um Platz für das neue Bauwerk zu schaffen, musste der vorhandene hölzerne, inzwischen morsch gewordene Turm abgerissen werden.

Stadtbaumeister Christoph Epping machte sich ans Werk und konzipierte das geplante Denkmal als Aussichtsturm mit einem offenen Hallenanbau, rückwärtig an eine rund 14 m hohe felsige Steilwand platziert. Einer der ersten Sponsoren war der ansässige Kaufmann Robert Hill, der mit einer Spende von eintausend Mark das ehrgeizige Vorhaben finanziell unterstützte.

Ein Denkmal muss abspecken

Bald stellte sich jedoch heraus, dass die Geldmittel nicht reichen würden. Also verzichteten die Planer kurzerhand auf das ursprünglich vorgesehene dritte Stockwerk und beließen es bei einer Gesamthöhe von 11 Metern, gebaut aus Ruhrsandstein. In der Optik erinnert der eckige Turm mit seinen Zinnen und der angegliederten Halle an eine kleine Burg, damals eine weit verbreitete Stilvariante solcher Bauten. 59 Stufen führen über Wendeltreppen ganz nach oben auf die Turmspitze, von der Besucher einen wunderbaren Rundblick über die Hattinger Altstadt und das Ruhrtal genießen können.

Ärmel hoch für den Wunschtermin

Nach der Grundsteinlegung am 17. Juli 1900 ging es zügig voran. Denn die Stadträte wollten unbedingt zu Bismarcks Geburtstag mit dem Turmbau fertig werden. Die fleißigen Handwerker taten ihnen den Gefallen, spuckten in die Hände und leisteten ganze Arbeit. So konnte planmäßig am 1. April 1901 feierlich Einweihung gefeiert werden. Die Jahreszahl 1900 über einem Turmfenster erinnert noch an den Baubeginn

Ein Fall von blanker Zerstörungswut

Doch auch solch ehrwürdige Andenken an große Persönlichkeiten der deutschen Vergangenheit sind heutzutage nicht vor mutwilliger Zerstörung sicher. Im Frühjahr 2004 wurde der historische Turm Opfer von Vandalismus und musste drei Jahre lang für die Öffentlichkeit geschlossen bleiben. Nach einer 100.000 Euro teuren Außensanierung konnte der Turm im November 2007 wieder geöffnet werden, bis es nach einer erneuten Beschädigung 2010 zum zweiten Mal zur Schließung kam.

Viel Geld gut angelegt

Es sah ganz danach aus, dass damit das Schicksal des Bismarck-Turms als markantes Wahrzeichen der Stadt besiegelt war. Bis sich ein privater Mäzen aus Hattingen bereit erklärte, das Bauwerk auf eigene Kosten in Stand setzen zu lassen. Eine Investition, die sich auf 9000 Euro belief. Seit April 2017 steht der Bismarck-Turm interessierten Besuchern wieder als Aussichtskanzel zur Verfügung. Der Schlüssel kann im wenige Meter entfernten Restaurant „Neue Schulenburg" entliehen werden.

Sie haben es bestimmt schon vermutet: Im Anschleichen und Unsichtbar-Machen geübt, habe ich natürlich die Turmanlage ohne Schlüssel erkundet.

Station 30: Auf der Isenburg
Zeit für eine Mordsgeschichte

Sind Sie bereit und gewappnet für einen Abstecher ins finstere Mittelalter? In den Ruinen der Isenburg hoch über der Ruhr bei Hattingen wird ein düsteres Kapitel der Vergangenheit lebendig.

Doch um an den Ort des ursächlichen Geschehens zu kommen, führt der Weg zunächst einmal Richtung Gevelsberg. Eine Stadt, die es vor fast 800 Jahren noch gar nicht gab. Wer zu dieser Zeit von Hagen nach Schwelm wollte, musste an der bäuerlichen Ortschaft vorbei durch einen schmalen Hohlweg. Wildwuchs aus Gestrüpp und Büschen machte die Enge zu einer schwer passierbaren Stelle. Gefährlich für Reisende, denn Wegelagerer und Raubritter konnten hier jederzeit aus dem Hinterhalt einen Überfall verüben.

Keine Liebe unter der Verwandtschaft

In dieser unwirtlichen Gegend war an einem Novembertag anno 1225 Engelbert, der Erzbischof von Köln, mit einigen Begleitern unterwegs. Der Kirchenfürst kam von Soest, wo er einen langwierigen Streit mit dem Sohn seines Vetters, dem Grafen Friedrich von Isenberg, hatte schlichten wollen. Ein vergebliches Unterfangen. Denn der Isenberger hasste den Erzbischof von ganzem Herzen. Wie viele Hochadelige in Rheinland und Westfalen konnte Graf Friedrich nicht akzeptieren, dass sein Onkel Engelbert höchst unnachsichtig mit den Regional-Herrschern umging und Verfehlungen hart bestrafte. Hinzu kam, dass Engelbert beim Durchsetzen seiner Gebietsansprüche für die Kölner Diözese nicht zimperlich vorging. Ein Grund mehr für den tiefen Groll der regierenden Familien.

Eine Reise in den sicheren Tod

Als der Graf von Isenburg von der geplanten Reise des Erzbischofs am besagten 7. November durch sein Terrain erfuhr, fasste er einen teuflischen Plan. Er folgte seinem Verwandten heimlich mit einigen bewaffneten Schergen bis zum Hohlweg, wo er das Kommando zum Angriff erteilte. Überall stürzten Ritter in Rüstung auf den überraschten

Engelbert, dessen Begleiter in Panik flohen und den Erzbischof wehrlos zurückließen.

Die Meuchelmörder verstanden ihr blutiges Handwerk. Auch wenn sich der 1,80 m große Kirchenmann heftig zur Wehr gesetzt haben muss. Doch ohne Beistand half ihm das wenig. Erst nach 47 Dolchstößen und Schwerthieben ließen die Männer vom einer der wichtigsten Persönlichkeiten des Landes ab. Als sich im Dunkel der Nacht die Gefolgsleute aus dem Tross des Erzbischofs zurück in den Hohlweg wagten, kam jede Hilfe zu spät. Sie fanden nur noch den blutüberströmten Leichnam ihres Gebieters in einem Gebüsch liegen...

Aufgebahrt auf einer Trage schafften die Getreuen den toten Engelbert nach Schwelm in das Haus, in dem der Erzbischof eigentlich hatte übernachten wollen. Doch die Kleriker dort verweigerten den Zutritt. Ebenso blieb Schloss Burg, der bergische Stammsitz Engelberts, für den Leichenzug verschlossen. Schließlich erbarmten sich die Zisterziensermönche in Altenberg, den Toten aufzunehmen. Vier Tage später wurden die sterblichen Überreste nach Köln überführt; das bischöfliche Herz verblieb dagegen im Altenberger Dom.

Zur Höchststrafe aufs Rad geflochten

Fast auf den Tag genau ein Jahr später wurde Friedrich von Isenberg in Lüttich festgenommen und vom dortigen Grafen von Geldern nach Köln ausgeliefert. Dort erlitt er ein grausames Schicksal. Seinetwegen hatte man vor dem Severinstor eine Steinsäule errichtet, an deren Spitze ein Wagenrad befestigt war. Nachdem die Büttel Friedrichs Arme und Beine mit dem Beil zerschlagen hatten, zogen sie den geschundenen Körper mit Seilen auf das Rad, wo der Isenberger am 14.11. elendiglich verstarb. Denn Rädern gehörte damals zu den grausamsten Todesstrafen der Zeit.

Dem Boden gleichgemacht

Die mittelalterliche Mordsgeschichte ist damit aber noch nicht zu Ende. Denn die zahlreichen Besitzungen des Grafen Friedrich, darunter auch die Burg Isenberg bei Hattingen, wurden anschließend durch den Grafen Adolf I. von der Mark geschleift, seine Frau und Kinder vertrieben. Bei der Zerstörung kam mit der Aufschlitz-Brandmethode ein Verfahren zum Einsatz, das ein gründliches Ergebnis garantierte. Dazu wurden die zweischaligen Mauern aufgestemmt, das entfernte Mauerwerk durch hölzerne Bohlen ersetzt und um die Wände herum zusätzlich Holz und Reisig aufgeschichtet. In Brand gesteckt, verbrannte der Kalk im Mörtel und die äußeren Wandschalen sackten ohne Halt in sich zusammen. Eine effiziente Technik, um selbst monumentale Gebäude dem Erdboden gleichzumachen.

Friedrichs Vetter Adolf von Altena gelang es in der Folgezeit, den Hauptteil der Isenbergischen Rechte und Güter an sich zu bringen. Damit wurde die Grundlage für die Grafschaft Mark gelegt, eines der bedeutendsten weltlichen Territorien des damaligen Westfalens.

Bis in die heutigen Tage beeindruckend

Obwohl bis auf die Grundmauern zerstört, beeindruckt die romanische, unterhalb des Berggipfels steil über dem Tal der Ruhr gelegene Spornburg auch heute noch durch ihre bemerkenswerte Größe. In den Werkstätten der Unterburg fand im 12. und 13. Jahrhundert mit dem Einsatz von zwei Rennfeueröfen eine umfangreiche Eisenverhüttung statt. Der Name der Festung erinnert noch an diese Zeit, denn das niederdeutsche *Isen* bedeutet im Wortsinn Eisen.

Herausragend in dem Komplex ist der Bergfried am südwestlichen Ende der Anlage. Mit einer Breite von etwa 20 Meter gehörte er seinerzeit zu den größten Türmen seiner Art. Erwähnt wurde die Burg erstmals in einer Urkunde aus dem Jahr 1200 als *Castrum Ysenberg.*

Eine Sommerresidenz erbaut auf altem Gemäuer

1858 erwachte die Isenburg zu neuem Leben, als der Düsseldorfer Architekt Max Joseph Custodis über dem noch nicht freigelegten restlichen Gemäuer eine Sommerresidenz errichtete - das nach ihm benannte Landhaus Custodis, in dem jetzt unter anderem ein Museum mit Forschungsergebnissen und Ausgrabungen zur Isenburg untergebracht ist.

So fand das dunkle Kapitel aus der fernen Vergangenheit schließlich doch noch ein gutes Ende.

Station 31: Burg Blankenstein
Im Irrgarten des Kommerzienrates

Was für ein Panorama! Oben die Höhenburg aus dem Mittelalter etwa 70 Meter über der Ruhr, die den Hattinger Stadtteil Blankenstein mit seinem romantischen Marktplatz rund um die Kirche St. Johannes Baptist weithin sichtbar überragt. Auf der anderen Seite der Gethmannsche Garten mit seinen Irrungen und Wirrungen und dazu der ungehinderte Blick über das Flusstal hinüber zum Stiepeler Ufer. Eine Bilderbuch-Ansicht, wie sie schöner nicht sein kann.

Verständlich, dass ich mir die Einzelheiten dieses außergewöhnlichen Ortes unbedingt genauer ansehen wollte. Vor allem weckte zunächst einmal ein Irrgarten die Neugier auf mehr.

Ein Paradies wird öffentlich

Wir schreiben das Jahr 1808, als Kommerzienrat Carl Friedrich Gethmann *„zur Freude und Erholung seiner Mitbürger und aller Besucher des Städtchens Blankenstein"* den ersten Spatenstich durchführen lässt, um einen Garten auf einer bewaldeten Hügelkuppe hinter seinem Wohnhaus in der Hauptstraße 12 anzulegen. Der rührige Fabrikant, Reeder und Kaufmann lebte von 1777 bis 1865 und wurde dank vielfältiger Unternehmungen zu einem wichtigen Mäzen seiner Heimatstadt. Eines der prächtigsten Geschenke war der großzügige, öffentlich zugängliche Landschaftspark, gestaltet nach Vorgaben der zeitgenössischen Gartenarchitektur.

Dazu gehörten Modellierungen des Geländes, Terrassierungen und der Bau von Sicht- und Wegeachsen, die mit den Aussichtspunkten Friedrichsberg und Wilhelmshöhe durch eine Obstbau-Allee miteinander verbinden sind. Eine Borgenbrücke oder auch der Schneckengang, der sich um den Hügel in Serpentinen zieht, setzen architektonisch reizvolle Zeichen.

Glanzstück des Parks ist damals wie heut das Belvedere am Hang der Ruhr. Die Aussichtskanzel, im Volksmund liebevoll der Hippentempel genannt, bietet einen phantastischen Weitblick über das Tal der Ruhr. Selbst der preußische Kronprinz und spätere König Friedrich Wilhelm IV, der am 19. Oktober 1833 die Anlage besuchte, war des Lobes voll.

Und das will etwas heißen. Denn Seine Königliche Hoheit war, was Sehenswürdigkeiten betrifft, sicherlich verwöhnt und daher in seiner Bewertung ziemlich anspruchsvoll.

Aber warum ist das Gethmannsche Anwesen eigentlich ein Labyrinth? Um das zu ergründen, sollten Besucher einen Spaziergang über die Irrgarten-Wiese mit ihren bunten Beerensträuchern und verschlungenen Pfaden wagen. Beruhigend zu wissen: Bis jetzt hat noch jeder über kurz oder lang wieder den Weg hinaus gefunden.

Ich hatte das ebenfalls geschafft und machte sich nun auf, die Burg auf dem *„blanken Stein"* in Augenschein zu nehmen.

Die Wacht an der Ruhr

Im 13. Jahrhundert galten die Handelswege als unsichere Straßen. Denn so mancher Tross wohlhabender Kaufleute zog Strauchdiebe, Raubritter und Wegelagerer an wie Honig die Wespen. Ein Umstand, den Graf Adolf I. von der Mark veranlasste, unweit der Ruhrüberquerung eine weitere von insgesamt vier Burgen zum Schutz und zur Überwachung der gefährdeten Routen zu errichten.

Soweit die Historie. Doch in Wahrheit verdankt die Burg Blankenstein ihre Entstehung einem ganz anderen Grund. Nämlich einem Mord! Nachdem der Kölner Erzbischof Engelbert von Berg heimtückisch im Auftrag Friedrichs von Isenberg gemeuchelt worden war, fielen dessen Besitztümer an das Kölner Erzbistum und eben an besagten Adolf I von der Mark. Dieser - nicht faul - beeilte sich, sein neu gewonnenes Territorium vor möglichen Rachefeldzügen zu beschützen. Und zwar durch den Bau einer wehrhaften Burg auf einem unbewaldeten Felsrücken über der Ruhr – einem *„blancken Steyn"*.

Mehr als nur ein altes Gemäuer

Die Architektur der Anlage aus Ruhrsandstein basiert auf einem hufeisenförmigen Grundriss von etwa 90 x 70 Metern, umgeben von einer Ringmauer. Mächtige, bis 3,40 Meter dicke Mauern und der quadratische Torturm passten zum eindrucksvollen Erscheinungsbild damaliger Herrschaftsgewalt.

Wie so oft ging auch über dieses trutzige Bauwerk der Lauf der Geschichte hinweg. So drohte die Burganlage im 16. und 17. Jahrhundert zu verfallen. Ende des 18. Jahrhunderts entschlossen sich die Verantwortlichen in der Kommune zu einem Wiederaufbau im damaligen Stil des Historismus.

Noch heute bieten die Reste des alten Burggemäuers einen beeindruckenden Anblick. Und eine grandiose Aussicht dazu. Etwa bei einem Rundgang über die begehbare Ringmauer. Für mich eine Promenade, die ich mir nicht entgehen ließ. Aber auch von der Spitze des Torturms aus lassen sich das Fachwerkidyll Blankenstein und das Ruhrtal bis zu den Anhöhen des Gethmannschen Gartens herrlich überblicken. Bei guter Fernsicht ist sogar das Rathaus von Witten zu erkennen.

Wer sich von so viel Panorama stärken möchte, braucht nicht weit zu laufen. Das Burgrestaurant lädt den Gast zur Einkehr ein. Ein Angebot, um einen spannenden Reisetag kulinarisch ausklingen zu lassen. Bedauerlicherweise waren hier nur zahlende Gäste willkommen. Deshalb trollte ich mich, um anderswo eine Maus zu ergattern.

Station 32: Freilichtmuseum Mäckinger Bach
Dem Handwerk auf die Finger schauen

Wie lebendig darf ein Museum unter freiem Himmel eigentlich sein? Ich verrate es Ihnen. So lebendig wie möglich. Diese Erkenntnis habe ich von meinem Besuch des über 40 ha großen Gewerbeparks mit seinen vielgestaltigen Gebäuden mitgebracht, in denen altes Handwerk und traditionelle Technik fleißig bei der Arbeit sind.

Das Westfälische Freilichtmuseum Hagen verdient das Prädikat ‚einzigartig'. Denn in der europaweiten Museumslandschaft gibt es nicht Vergleichbares. Nirgendwo sonst sind so viele Gewerke in Funktion zu sehen, nirgendwo sonst werden 200 Jahre Handwerk und Technik aus Westfalen und Lippe so anschaulich präsentiert.

Entlang des Mäckinger Baches zieht sich ein Schau-Weg von rund drei Kilometern Länge durch das Tal, gesäumt von Gebäude-Ensembles in unterschiedlichen Stilen und Bauweisen. Rund 60 Werkstätten sind hier versammelt, in denen erfahrene Handwerker den Besucher in die Geheimnisse historischer, oftmals schon in Vergessenheit geratener Arbeitsverfahren einweihen.

Profis mit Fleiß am Werk

Die Profis von heute bringen mit der Technik von gestern Erstaunliches zustande. Sie schmieden Nägel, Sensen und Kuhschellen, rollen Zigarren, schlagen Seile, brauen Essig und mahlen Senf, Öl. Getreide und Pappe. Es wird gebacken, Kaffee geröstet, geräuchert und geimkert.

Während an einer Stelle Bürsten gemacht, Draht gezogen, Achat geschliffen und Stoffe blaugefärbt werden, sind ein paar Häuser weiter Sattler, Kürschner und Polsterer am Werk. Natürlich dürfen auch die Löffelschnitzer nicht fehlen, ebenso können die Huf- und Wagenschmiede sowie Feilenhauer, Drucker und Köhler zeigen, was sie gelernt haben und nun in meisterhafte Vollendung beherrschen.

Fortschritt braucht Vergangenheit

Eine wesentliche Botschaft, die der Museumsbesucher mit nach Hause nimmt, lautet: Modernes Handwerk ist alt. Denn Handwerk ohne seine Geschichte und berufliche Tradition ist nicht denkbar. Folglich unterliegt das Handwerk einem stetigen Wandel, der seine Wurzeln im innovativen Fortschritt hat. Neue Materialien, verbesserte Fertigungsverfahren und zukunftsweisende Techniken wie die Digitalisierung, Automatisierung und Robotik verwandeln das klassische Berufsbild eines Handwerkers in einen hochqualifizierten High-Tech-Job.

Und doch: Ohne das Werkzeug und das Wissen von damals .könnten viele Ideen nicht realisiert werden.

Vor diesem Hintergrund hat sich das Museum am Mäckinger Bach neben der Bewahrung alter Handwerkskultur ein weiteres wichtiges Ziel gesetzt: Es will sinnliche Erfahrung mit Wissensgewinn verbinden und auf unterhaltsame Weise einen Beitrag zur Weiterbildung leisten. Um diese ehrgeizige Aufgabe zu erfüllen, bietet das Haus ein umfangreiches Veranstaltungsprogramm für Jung und Alt, das übers Jahr immer wieder interessante Neuigkeiten offeriert.

Fest steht: Ein Tag im Freilichtmuseum Mäckinger Bach reicht nicht aus, um das gesamte Spektrum zu nutzen. Auch ich wäre gerne noch länger geblieben. Wenn nicht eine dicke dunkle Wolke für einen vorzeitigen Abschied gesorgt hätte. Ein nasses Fell musste nun wirklich nicht sein.

Station 33: Tiefe Furt
Nur schleppend voran

Am letzten Tag meiner Wanderung bin ich ganz weit unten angelangt. Sozusagen am absoluten Tiefpunkt. Gerade mal 60 Meter misst die Ruhr an der niedrigsten Stelle im Ennepe-Ruhr-Kreis. Was heute zum Plantschen verführt, stellte vor rund 150 Jahren die Schifffahrt vor ein Problem. Damals zählte die Ruhr zu den meistbefahrensten Wasserstraßen in Europa und wurde hauptsächlich für den Kohletransport aus dem Revier zum Duisburger Rhein-Hafen genutzt. 1860 erreichte die Verschiffung mit 867.734 Tonnen Steinkohle einen absoluten Rekordstand.

Doch Klippen, Sandbänke, Krümmungen und Untiefen machten es den sogenannten *„Ruhraaken"* schwer, zügig die Strecke zu passieren. Auch wenn die 34 Meter langen und fünf Meter breiten Flachboote mit 0,8 Metern nur wenig Tiefgang hatten, kamen sie aus eigener Kraft an den seichten Stellen der Ruhr nicht vorwärts. Also war Muskelkraft von Mensch oder Tier gefragt, um die Kähne stromauf zu befördern.

Wie das funktionierte, erzählt der historische Leinpfad unterhalb der Isenburg in Witten, der mit der Kanalisierung der Ruhr von 1774 bis1780 angelegt wurde und heute zu den wenigen, fast vollständig erhaltenen Wegen mit Originalpflasterung für die ehemalige Treidelschifffahrt in der Region gehört.

Schwerstarbeit für Mensch und Tier

Getreidelt wurde bereits ab dem 18. Jahrhundert. Dabei schleppten schwere Bauernpferde, aber durchaus auch Menschen die Schiffe an dicken Hanfseilen den Fluss hinauf. Eine harte, mühevolle Arbeit, die mit erheblichen Risiken verbunden war. Vor allem aufgeweichte oder überschwemmte Wege konnten den Zugtieren gefährlich werden. Häufig verloren die Pferde unter diesen schlechten Bedingungen den Halt und drohten, ins Wasser zu rutschen.

Trieb das Schiff aufgrund heftiger Strömung vom Ufer weg zur Strommitte, reichten die Pferdestärken oft nicht aus, um das Fahrzeug zurückzuhalten. Aus diesem Grund führten die Leinenreiter stets Beile oder Messer mit sich, um im Notfall die Seile schnell kappen zu können. Zudem saßen die Treidelknechte immer einseitig zu Pferde. So waren sie in der Lage, bei Gefahr rasch abzuspringen.

An langer Leine gezogen

Das Treideln erfolgte jeweils auf dem rechten oder linken Ufer mit entsprechenden Überschlagstellen. Diese Einrichtungen waren notwendig, weil die Leinpfade oftmals die Ufer wechselten, so dass Pferde und Treiber häufig übergesetzt werden mussten. Die bis zu 400 Meter lange Zugleine war am oberen Teil des vorderen Schiffsmastes, dem sogenannten Treidelmast, befestigt. Diese stattliche Länge musste sein, damit entgegenkommende oder überholende Schiffe das Seil überfahren oder darüber hinweg gezogen werden konnten.

Abschied vom Schlepptau

Treideln war bis zur Mitte des 19. Jahrhunderts gebräuchlich und ging erst mit dem Einsatz von maschinengetriebenen Schiffen und Schleppern zu Ende. Ab diesem Zeitpunkt übernahmen unter anderem dampfbetriebene Treidellokomotiven die Arbeit oder auch elektrische dreirädrige Zugmaschinen, die in Frankreich zum Treideln verwendet wurden. Überhaupt waren unsere französische Nachbarn, was das mechanische Schleppen anbelangt, überaus einfallsreich. In Deutschland hingegen setzte man in der Frachtschifffahrt verstärkt auf Lastkähne mit eigenem Antrieb.

Als um 1876 die Ruhrtal-Bahn den Betrieb aufnahm, sank die Transportleistung per Schiff in diesem Jahr rapide auf nur noch knapp über 100.000 Tonnen. Vergeblich versuchte der Ingenieur Julius Greve zehn Jahre später, in Witten eine Gegenbewegung zu starten und bei potentiellen Investoren neues Interesse für den Frachtverkehr zu Wasser zu schaffen. Doch der Verein zur Kanalisierung der Ruhr musste schließlich mangels Unterstützung aufgeben.

1889 passierte das letzte Kohlenschiff die Schleuse in Mühlheim. Damit endete eine wichtige Epoche in der Ruhrschifffahrt.

Auch ich bin am Ende meines Catwalks durchs Revier angekommen. Ich hoffe, der Streifzug durch die Heimat hat Ihnen genauso viel Vergnügen gemacht wie mir.

Zwischenstation: In aller Ruhe
Zeit zum Auftanken

Danke, dass Sie mich auf meinem Catwalk begleitet haben. Es hat Spaß gemacht, gemeinsam mit Ihnen die bekannten und weniger bekannten Seiten unserer Region zu erkunden. Hätten Sie gedacht, dass Heimat so spannend sein kann?! Ich hoffe, dass Sie genau wie ich einige interessante Erkenntnisse mitnehmen konnten.

Doch jetzt entschuldigen Sie mich bitte für ein Weilchen. Ich bin schließlich kein Müller, dessen Lust bekanntlich das Wandern ist. Immerhin besitzt solch ein strammer Typ kräftige Beine und eine ausdauernde Kondition für Märsche über Stock und Stein. In dieser Beziehung ist mir der Mensch tatsächlich überlegen, obwohl man schon Wunderdinge von Katzen gehört hat, die tausende Kilometer zurückgelegt haben, um nach Hause zu kommen.

Mich hat das wochenlange Unterwegs-Sein in diesem Sommer jedenfalls müde gemacht. Die vier Pfoten brauchen eine Ruhepause und ich benötige dringend eine große Mütze Schlaf.

Dies bedeutet jedoch nicht, dass Sie das Reisebuch jetzt zur Seite legen sollten. Das wäre bedauerlich, denn dann würden Sie das Beste zum Schluss verpassen, weil die Geschichte noch weitergeht. Blättern Sie doch einfach mal um, wenn Sie neugierig sind.

Ich melde mich sofort zurück, sobald ich ausgeschlafen bin. Denn ich möchte unbedingt, dass Sie und ich auch das letzte Wegstück zusammen bewältigen. Vor allem deshalb, weil am Ende eine große Überraschung auf uns wartet.

Bis dahin eine gute Nacht.

Endstation: Zu Hause!
Mein schönstes Geschenk

Kurz nach dem Catwalk konnte ich meinen zehnten Geburtstag feiern. Allerdings: Für einen Streuner ist das Älterwerden kein Grund zum Feiern. Die Chancen, unbeschadet zu überleben, sinken mit jedem neuen Jahr im Kalender rapide. Überall lauern Krankheiten, auf der Straße steigt die Unfallgefahr, weil die Beine nicht mehr so flink laufen wie bei einem Jungspunt. Also stellte ich mich darauf ein, den 3650sten Tag in meinem Leben wie jeden anderen zu verbringen. Einsam, ohne Aussicht auf Besserung, immer auf der Suche nach etwas Essbaren, wobei ich mich nicht scheute, zur Not auch in den Mülleimern der Menschen nachzuschauen. Doch ich sollte mich irren.

Das Schicksal wollte es, dass ich an diesem Tag an einem verwilderten Grundstück vorbeikam und unter dem windschiefen Zaun hindurch kroch in der Hoffnung, im Gebüsch einen Quieker aufzustöbern. Da entdeckte ich ein Haus, hinter dichten Sträuchern verborgen, so dass man es von der Straße aus nicht sehen konnte.

Müde und hungrig beschloss ich, mich für einen Augenblick auf der Matte vor der Haustür auszuruhen. Nach einer Weile muss ich wohl eingenickt sein, als mich plötzlich eine Stimme weckte: „Hallo, kleiner Mann! So einen netten Besuch hatte ich schon lange nicht mehr."

Nach einer Schrecksekunde machte ich einen gewaltigen Satz zur Seite. Eine Vorsichtsmaßnahme, die mir schon oft aus brenzligen Situationen geholfen hatte. Denn normalerweise meide ich die Begegnung mit den Großen, die mich meist verscheuchen oder noch Schlimmeres im Sinn haben. Jetzt jedoch ließ mich etwas in dieser Stimme zögern. Sie klang so ungewohnt freundlich und mitfühlend. Auch die Frau, die da im Türrahmen lehnte, machte auf mich einen vertrauenswürdigen Eindruck. Daher blieb ich zunächst in sicherer Entfernung sitzen und wartete ab.

„So, wie du aussiehst, musst du mächtigen Hunger haben", fuhr die Stimme fort. „Lauf nicht weg. Ich hole dir schnell etwas zum Futtern." Futter?! Für mich?! Ich traute meinen Ohren nicht. Da kam die Frau schon wieder heraus und stellte mir eine kleine Schüssel hin, aus der es verführerisch duftete. „Ich habe eine Dose Thunfisch aufgemacht. Hoffentlich magst du Fisch."

Ich liebe Fisch!!! Sämtliche Tischmanieren vergessend, stürzte ich mich auf das leckere Mahl, das ich bis auf das letzte Bröckchen vertilgte. Die Frau, die beobachtet hatte, wie ich es mir schmecken ließ, erkundigte sich anteilnehmend: „Nachschlag gefällig? Es ist noch genug da für einen großen Nimmersatt." Sie muss die Antwort in meinen Augen gelesen haben. Denn ruck-zuck stand ein aufgefüllter Napf vor mir, den ich nun wesentlich gesitteter mit Genuss leerte.

Danach war Putzen angesagt. Sauberkeit ist eine unverzichtbare Notwendigkeit in jedem Katzenleben. Für die Fellpflege nahm ich mir diesmal Zeit. Sehr viel Zeit, weil ich den gefürchteten Augenblick hinauszögern wollte, in dem ich unwiderruflich gehen musste. Dabei hatte ich mich hier so wohlgefühlt. Als die Stimme wieder zu sprechen begann, senkte ich den Kopf in Erwartung des Unausweichlichen. Aber dann vernahm ich diese unglaublichen Worte: „Und nun, kleiner Mann? Willst du weiterziehen oder bleiben? Im Haus wäre Platz für uns beide und ich bin sicher, dass wir gut miteinander auskommen würden. Deine Entscheidung: Rein oder raus."

Mit einem zirkusreifen Sprung hechtete ich über die Schwelle, während die Frau mir langsam folgte und die Tür hinter uns schloss. Ich konnte mein Glück nicht fassen. Endlich ein Zuhause mit Sofa, einem eigenen Futterplatz und einem Garten zum Sonnenbaden. Endlich ein Mensch, der mich gern hatte und für mich sorgen würde. Ich wälzte mich auf dem blauen Teppich in der Diele hin und her und konnte nicht aufhören, vor Begeisterung und Wohlbehagen laut zu schnurren.

Am selben Tag bekam ich auch meinen Namen. Tristan. „Dieser Name passt zu dir, weil du so ein trauriges Gesicht hast, das ab sofort nur noch lächeln und fröhlich sein soll", hatte die Frau erklärt und mich auf den Arm genommen. Sie hat übrigens Recht behalten. Bis heute gab und gibt es für mich keinen Grund mehr, betrübt zu sein.

Um es kurz zu machen: Meine neue Freundin (eine Katze, die auf sich hält, wird niemals einen Besitzer haben!) und ich waren bald ein Herz und eine Seele. Eines Abends erzählte ich ihr von meinem Ausflug ins Revier. Meine Freundin klatschte in die Hände, setzte sich an den Computer und sagte: „Weißt du was, Tristan? Ich werde die Geschichte aufschreiben, damit sie nicht vergessen wird. Komm her zu mir - wir legen gleich los."

Verzeihen Sie meine Nachlässigkeit. Ich vergaß zu berichten, dass meine Freundin von Beruf eine Journalistin ist und eine Menge vom Schreiben versteht. So viel, dass sie sogar meine Miaus übersetzen und in lesbarer Form zu Papier bringen kann.

So ist das Catwalk-Buch entstanden, das hier vor Ihnen liegt.

Noch eine persönliche Bitte: Sollten Ihnen irgendwann ein Streuner über den Weg laufen, dann seien Sie nett zu ihm. Er hat es verdient.

Über die Autorin

Brigitte Waldens ist Wirtschaftsjournalistin und Autorin verschiedener Sachbücher. Sie schreibt für Magazine, übernimmt Fachartikel im Auftrag von Unternehmen und verfasst Publikationen zu unterschiedlichen Themen. Sowohl als Ghost als auch unter eigenem Namen. In den letzten Jahren hat sie sich verstärkt auf die Regional-Literatur konzentriert. Eine Sparte, in der Brigitte Waldens aufgrund ihrer Kenntnisse von Land und Leuten zu Hause ist.

Zuletzt erschienen sind die Stadt- und Familien-Chronik „Gevelsberg: Objektiv betrachtet" sowie die Bildgeschichten „Mit Licht geschrieben".

Inspiriert von den zahlreichen verborgenen und weniger bekannten Sehenswürdigkeiten zwischen Ennepe und Ruhr, entstand die Idee für den Reisebericht eines Streuners. Ziel war es, dem Leser seine Heimat einmal aus einer ungewöhnlichen Perspektive nahe zu bringen und neugierig zu machen auf mehr. Dies schafft der ***Catwalk,*** der Sie mitnimmt auf einen abwechslungsreichen Ausflug ins Revier. Lassen Sie sich gut unterhalten mit interessanten Berichten und Informationen aus Vergangenheit und Gegenwart, die für ein kurzweiliges Lesevergnügen sorgen.

Tristan war ein wundervoller Gefährte, der mich treu und unverdrossen durch den Tag begleitet hat. Als fleißiger Mäusefänger kümmerte er sich häufig um eine Bereicherung des Speiseplans, wobei ich seine frisch servierten Zutaten stets rasch und vom edlen Spender unbemerkt entsorgen musste. Auch im Controlling zeigte er Talent. Wenn ich seiner Meinung nach zu lange arbeitete, kam er ins Büro spaziert und legte sich provokant auf die Tasten des Computers. Eine klare Aufforderung, endlich Pause zu machen.

Nach einer glücklichen Zeit im gemeinsamen Zuhause ist Tristan im Alter von 13 Jahren an einer Krebserkrankung verstorben. Im ***Catwalk*** wird er weiterleben.